15歳までに始めたい!

発達障害の子の ライフスキル・トレーニング

梅永雄二 監修
早稲田大学教育・総合科学学術院教授

健康ライブラリー
スペシャル
講談社

まえがき

私は長年、発達障害の人の就労支援に力を入れて活動しています。

　支援の現場で発達障害の人に仕事の悩みを尋ねてみると、「仕事がうまくいかない」という声もありますが、それ以上に「仕事以外の部分で困っている」という答えをよく聞きます。

　それ以外の部分というのは、たとえば遅刻・欠勤をしないことや、職場に適した服装をすること、体調不良を上司に伝えること、昼休みにうまく休憩することなどです。いずれも仕事というより、生活の一部といったほうがよいことで、それらの部分にうまく対処できず、安定して働けなくなる人が多いのです。仕事ができても、遅刻してばかりで服装も乱れていては、働き続けることは難しいでしょう。

　そこで私は多くの支援者と協力し、発達障害の人に仕事の面だけでなく、生活面でも支援をおこなうようにしました。健康管理や身だしなみの整え方などを、具体的に伝え、本人に理解してもらうようにしたのです。すると、就労を継続できる人が増えていきました。

　私はそれ以来、就労中の人はもちろん、これから就労をめざす若者や、いずれは就労する子どもたち、彼らに関わる保護者や教育者たちにも、生活面の重要性を伝え、支援をおこなうようにしています。大人になってから生活を見直し、改善することもできるのですが、子どものうちから生活面の悩みに着手しておけば、あとで困ることが確実に減らせるからです。

　彼らにとってとくに大切なのが、一五歳までの期間です。子どもは多くの場合、小・中学校に通っている間は保護者のサポートを受けられます。教師など、まわりの大人からもサポートを受けやすいでしょう。しかし中学を卒業すると、自立的に活動する機会が一気に増えます。そのとき、生活面のスキルが不足していると、さまざまな問題が起こってくるのです。その最たるものが、職場での失敗だといえます。

　それらの問題を防ぐために、発達障害の子が一五歳までに身につけはじめたい生活面のスキルを、本書にまとめました。「ライフスキル」として、一〇種類に分けて解説しています。それらを習得していけば、一五歳をすぎたときにも、社会に出て働きはじめたときにも、大きな混乱には見舞われないはずです。本書を通じて、発達障害の子どもたちが生活面の悩みを解消できるよう、心より願っています。

早稲田大学教育・総合科学学術院教授
梅永雄二

15歳までに始めたい！
発達障害の子のライフスキル・トレーニング

もくじ

1 なぜライフスキルが重要なのか

2 ソーシャルスキルとどう違うのか

3 10種類のライフスキル・トレーニング

4 トレーニングとサポートでトラブルが減る

発達障害の子は「生活面のつまずき」が見過ごされている

1

発達障害の子の多くは、集団行動が苦手です。そのため、家族や関係者は、子どもが集団のなかで浮かないように、対人関係のサポートを重視しがちです。

発達障害の子は「トラブルを起こしたときの謝り方」を、親から教わっていたりする

ソーシャルスキルが注目されやすい

子どものソーシャルスキル（社会生活で必要となる技能）の不足やかたよりは、注目されやすくなっています。そのためのトレーニングやサポートは、よくおこなわれています。

じつはライフスキルも不足しやすい

子どものライフスキル（日常生活で必要となる技能）も不足しやすいのですが、発達障害の特徴として説明されることが少なく、あまり注目されていません。

2 対人関係について支援を受けるのは重要なことですが、じつは生活面のサポートも、同じように重要です。発達障害の子の多くは、生活習慣を身につけることが苦手なのです。

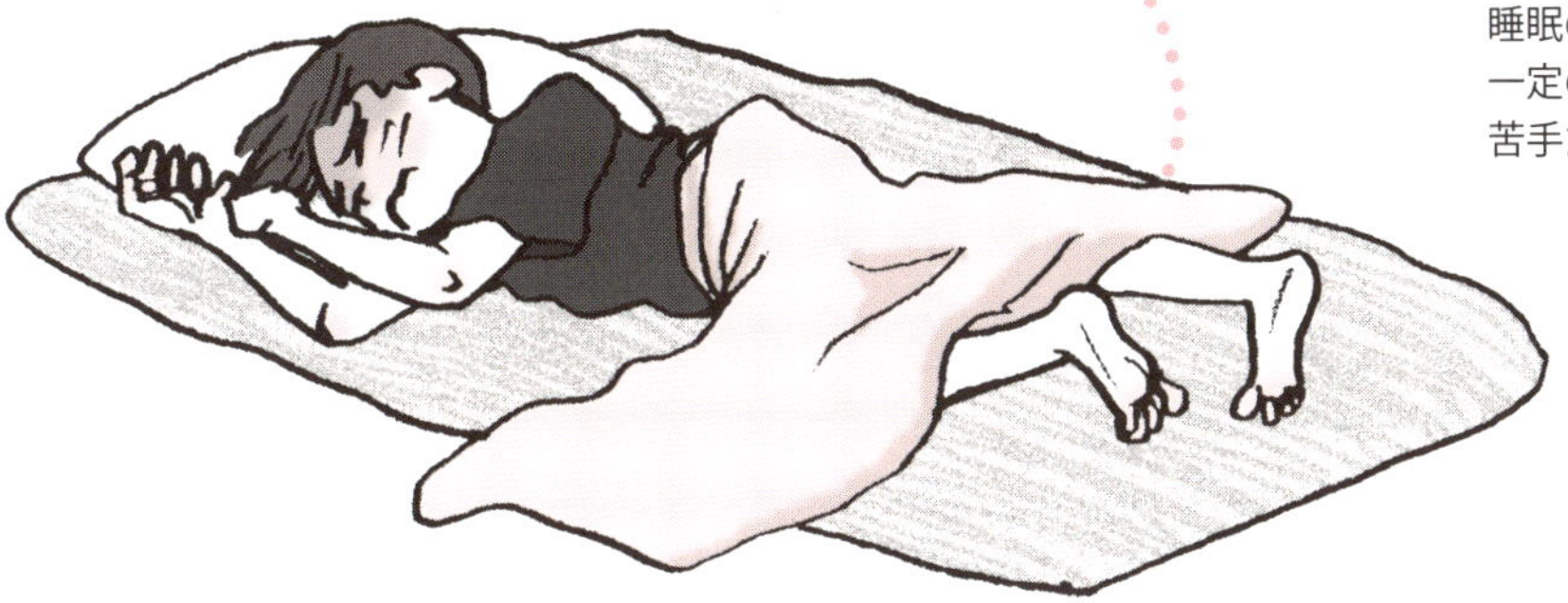

睡眠のリズムを整え、毎朝一定の時刻に起きることが苦手だったりする

3 「生活リズムの乱れ」や「金銭感覚の乏しさ」など生活面の問題を、家族が場当たり的に手伝って解決していると、その子のライフスキルはなかなか育ちません。

家族に起こされ、どうにか通学しているが、それだけではサポートとして不十分

15歳までにライフスキルの不足をフォローしはじめよう

4

　生活面でその場しのぎの手助けをしていると、子どもが高校生や大学生になったとき、生活面の問題が一気に表面化してきます。そうならないよう、家族がフォローしやすい15歳までに、適切なサポートをはじめましょう。

「持ち物チェックリストをつくる」などのサポートはするが、それを本人が主体的に活用できるようにうながしていく

トレーニング＆サポートでライフスキルが身につく

　発達障害の子は、得意・不得意が極端に分かれています。ライフスキルを身につけるためには、得意なやり方でトレーニングをおこない、苦手なことにはサポートを受けるという二段構えのとりくみが有効です。

1

なぜライフスキルが重要なのか

ライフスキルは、日常生活の基盤となるものです。
学力や運動能力、ソーシャルスキルなどを
どれだけ身につけても、鍛えても、
生活習慣や生活リズムが乱れていては、
能力を十分に発揮することはできません。

生活面のつまずき

中学卒業後に生活面の悩みが増える

衣食住や金銭のトラブルにあう

発達障害の子には、ライフスキルが身につきにくいという特徴があります。

彼らにはさまざまな特性があり、人の指示を理解することや手足を的確に動かすことが苦手だったりします。そのため、他の子と同じように、暮らしのなかで自然に生活習慣や一般常識を身につけることが、簡単ではないのです。

中学卒業ぐらいまでは、家族のフォローもあってライフスキルの不足はさほど問題になりません。ところが、高校に入る頃から、ひとりの活動が増えることもあり、衣食住や金銭など生活面のトラブルにあいやすくなります。

年代別・生活面のつまずき

多くの子は暮らしのなかで生活習慣や一般常識を自然に身につけます。しかし発達障害の子には、それが困難です。小・中学生の頃は家族がカバーしてくれるため、さほど目立ちませんが、自立した活動の増える高校生の頃から、問題が表面化していきます。

中学生の頃の特徴

まわりの子が外見に気をつかいはじめるなかで「身だしなみにむとんじゃく」「清潔感が足りない」といった問題が出てくる。そのことに無自覚だったり、「友達に相談しない」ことも課題に。「部活動や地域の活動に参加できない」こともある。

14ページでケース紹介

小学生の頃の特徴

家庭では「生活リズムが乱れる」「整理整頓ができない」といった特徴が現れる。学校では「休み時間に孤立する」「自由時間をもてあます」などの様子がみられるが、どちらも大きな問題ではないため、見過ごされがち。

12ページでケース紹介

大学生 の頃の特徴

家族によるフォローが減ることで、「金銭トラブル」や「法的な問題」が起こるケースがある。ひとり暮らしをして「昼夜逆転生活」や「隣近所とのいさかい」に苦しむ人もいる。「就職活動への不適応」も大きな悩みに。

18ページでケース紹介

高校生 の頃の特徴

「交通機関をうまく使えない」「金銭管理ができない」などの悩みが生じて、ライフスキルの不足が生活上の支障となりはじめる。「進路選択での失敗」が、学校生活での大きなつまずきにつながる場合もある。

16ページでケース紹介

大学を出たあとに、職場で「持ち物の管理」ができず、仕事に支障をきたす例もある

ワンポイント解説

なぜ中学卒業が区切りになるのか

本書では、一五歳までにライフスキルのトレーニングやサポートをはじめることを推奨しています。これは、一五歳が中学を卒業するタイミングだからです。

中学を卒業すると、子どもの行動範囲は広がり、主体的に活動する機会も増加します。電車通学やアルバイト、社会人との交流などを経験する子もいます。

その段階では、子どもの主体性が尊重される分、家族のフォローは届きにくくなります。本人のライフスキルが求められるのです。

子どもが責任をもって活動する日をむかえる前に、ライフスキルの習得にとりくみましょう。

小・中学校時代に比べて、高校以降は家族のサポートを受けにくい

子どもの行動範囲が広がり、それまでとは異なるスキルが求められる

ケース紹介①
小学生

勉強は得意だが、行事に参加できなかった

プロフィール

Ａくんは小学４年生の男子。ASD（自閉症スペクトラム）の診断を受けています。歴史を調べるのが好きで、友達と遊ぶよりも、歴史書を読んでいるほうが楽しいと言います。

休み時間になっても友達と遊ばず、社会の予習。そのせいで、クラスの中で浮いた存在に

1

Ａくんは国語や社会の勉強が得意です。学力的には、なにも問題はありません。しかし、友達との関係がうまくつくれず、休み時間はいつも孤立しています。本人はそれでも楽しそうですが、親や先生にとっては気がかりです。

このライフスキルが不足！

Aくんには家庭や学校以外の場に適応するスキルが不足しています。また、勉強以外の活動への興味も弱く、このままでは「勉強はできるけど、生活や仕事がままならない」大人になりかねません。

2

授業にはしっかりとついていけるのですが、行事は苦手です。学校から外に出て未知の場所へ行き、その場の様子をみながら、先生や他の子と足並みをそろえて活動することが、難しいのです。

ある日の社会科見学では、展示に夢中になっていて集合時間に遅れ、パニック状態に

3

Aくんはよくも悪くもマイペース。行事はストレスになるからと言って、欠席するようになりました。修学旅行も休み、家で勉強しています。親は、Aくんが貴重な社会勉強の機会を失っていると思い、心配でなりません。

本人は「集中的に勉強できて好都合」だと言うが、そのままでよいのだろうか

このケースへの対応

勉強以外のこと、学校以外の場所へと活動を広げていきましょう。余暇のすごし方を工夫したり、地域参加の機会をつくったりすることが有効です。それによって、まわりの人と交流する意欲が強くなり、学校での休み時間の姿も変わってくる場合があります。

トレーニング８・９へ

ケース紹介②
中学生

外見や言動をからかわれ、口論になっていた

プロフィール

Bくんは中学2年生の男子。ASDの診断を受けていて、人目を気にしない傾向があります。また、ADHDの特性もあり、身だしなみを整えることが苦手です。

1　Bくんは髪型や服装などの外見に、あまり注意を払いません。もともと身だしなみを整えるのが苦手なうえに、人にどう思われてもさほど気にしないタイプなので、見た目に意識が向きにくいのです。

寝ぐせがついていても、シャツがズボンからはみ出していても、別に気にしない

このライフスキルが不足！

Bくんには身だしなみを整えるスキルが不足しています。技術や習慣がないだけでなく、外見の重要性を理解していないということも、問題です。また、健康管理が苦手なために太りやすいという特徴もみられます。

2

彼はそもそも見た目に価値をおいていないため、家族や友達、先生から身だしなみのことを注意されても、直そうとしません。彼にとっては苦手なことで、興味のないことなので、聞き流してしまうのです。

もう少し
清潔にしないと、
女子に嫌われるよ

友達が厚意をもって注意してくれているのに、聞く耳を持たない

3

中学生になると、多くの子が身だしなみに大なり小なり、気をつかいはじめます。B くんはそのなかでわが道を行くので、からかわれたり、陰口を言われたりしています。ちょっとしたトラブルからケンカになってしまうこともあります。

女子とぶつかってしまったときに、日頃の言動についても文句を言われた

このケースへの対応

中学生のうちに、生活習慣を見直す必要があります。身だしなみを整えるための習慣を一から組み立てていきましょう。また、食習慣を中心とした、健康管理スキルの改善にもとりくみます。「見た目」の価値を教えていくことも、必要です。

トレーニング１・２へ

生活が乱れて欠席が続き、高校を中退した

1

Cさんは私立高校へ推薦入学しました。苦手な勉強をしたくなかったので、面接形式の試験で入れる学校を選んだのです。入学後は、勉強や部活動よりも、友達付き合いを楽しんでいました。

プロフィール

Cさんは高校1年生の女子。診断は受けていませんが、ADHDとLDの傾向があります。小・中学校時代は、勉強が苦手でしたが、友達とは仲よくすごせていました。

友達に「授業をサボろう」と誘われ、いっしょになって遊びに行くこともあった

このライフスキルが 不足！

対人関係スキルの不足から、友達のよくない誘いに抵抗感なく応じてしまう様子がみられます。「サボっても大丈夫」などの言葉を、信じてしまうのです。

授業に出ても先生の話についていけず、居眠りをして注意される

このライフスキルが不足!

進路選択のスキルが不足しています。自分の力で進路を選んでいないため、学習意欲がもてず、苦しんでいます。また、外出して移動するスキルの不足が、遅刻や欠席の多さにつながっています。

2

行きたくて入った高校ではないので、学ぶ意欲がわきません。Cさんは電車通学をしていましたが、乗り継ぎなどでよくミスをしました。そんなときは登校する気がなくなり、そのまま欠席してしまうこともありました。

3

Cさんは欠席をくり返し、進級できなくなってしまいました。家族は問題が発覚するまで、Cさんが登校していると思っていました。結局、Cさんは高校に通う意欲もなくしてしまい、中退することを選びました。

高校を中退してフリーターに。学習へのストレスは減ったが、将来の不安が強くなった

このケースへの対応

対人関係や進路選択、外出のスキル不足から、不本意な形で進路を変えることは、さけたいものです。それらのスキルを育てるためには、家族の協力や支援が欠かせません。

トレーニング5・6・7へ

ケース紹介④
大学生

ひとり暮らしをはじめたら、金銭トラブルが続出

1

高校までは自宅から通学していたＤくん。友達付き合いなどで悩むこともありましたが、家族やまわりの人の支援を受け、おだやかに生活してきました。ところが、大学への入学を機にひとり暮らしをはじめると、さまざまなトラブルが起こりはじめました。

プロフィール

Ｄくんは大学１年生の男子。ASDとADHDの併存という診断を受けています。小学校時代から家族にサポートされ、とくに問題なく暮らしてきました。

パソコンデスクなど、お気に入りの場所は整理整頓するが、他の場所には気を払わない

このライフスキルが不足！

住まいの管理のスキルが不足しています。掃除やゴミ捨て、光熱費の支払いなどがうまくできません。騒音や悪臭を出して近所に迷惑をかけ、法的な問題になる場合もあります。

2

住まいのトラブルに加えて、大学で知り合った人との間に、金銭トラブルも起こりました。会ったばかりの人に言いくるめられ、コンパの代金を全員分支払ってしまうなど、深刻な問題もありました。

「代金は幹事が支払うもの」などと言われてだまされ、カードで会計を済ませてしまう

3

家族が金銭トラブルに気づき、問題の後処理をしました。Dくんは家族に叱られ、心配もされて、ひとり暮らしをすることはやめました。しかしトラブルの記憶が残り、大学に通うことがこわくなってしまいました。

ひとり暮らしや大学生活での失敗にショックを受け、ひきこもり状態に

このライフスキルが 不足!

大学生の頃から、金銭管理のスキル不足が目立ちはじめます。衝動買いをしたり、だまされて浪費したり、さらには借金を重ねたり。深刻な問題につながります。

このケースへの対応

家族とともに、居住空間の管理にとりくみましょう。中学卒業までに着手できれば理想的です。金銭管理も同様で、自宅で暮らしているときに、買い物などを通じて学びたいことです。金銭のやりとりには法的な問題が関わるので、その対策も必要です。

トレーニング3・4・10へ

COLUMN

ライフスキル不足から「大人のひきこもり」に

トレーニングで、孤立無援になるのを防ぐ

ライフスキルが不足している子は、中学卒業以降にさまざまなトラブルにあい、ひきこもり状態になってしまうことがあります。

そのまま支援が受けられなければ、やがてニートやスネップと呼ばれる「大人のひきこもり」状態になることも考えられます。

子どもが学ぶ場所や働く場所を不本意に失い、孤立無援の状態に陥らないように、ライフスキル・トレーニングをはじめましょう。

トレーニングやサポートによってライフスキルが身につけば、子どもは地域の活動に参加したり、まわりの人に援助を求めることができるようになったりします。その習慣が、子どものひきこもりを予防することにつながります。

ニート
NEET

ニートはイギリスの言葉で Not in Education, Employment or Training の略語。就学、就労、職業訓練のいずれもおこなっていない若者を意味する。日本では厚生労働省が 15 ～ 34 歳の非労働力人口で通学・家事をしていない人を若年無業者と定義しており、これがニートに近い概念だとされている

- **15 ～ 34 歳**
- **働いていない**
- **学生、主婦（夫）ではない**

スネップ
SNEP

スネップは日本の言葉で Solitary Non-Employed Persons の略語。孤立無業者を意味する。ニート研究で知られる玄田有史氏が提唱した。20 ～ 59 歳で社会との接点が少ない人のことをさす。ニートとの共通点もあるが、年齢層が違い、また、家族以外の人との交流を失っていることが特徴となっている

- **20 ～ 59 歳**
- **未婚で、通学も仕事もしていない**
- **ひとりでいるか、家族といる日が多い**

2

ソーシャルスキルとどう違うのか

ライフスキルは、日常生活の技能。
日々の暮らしに必要な、生活実用的な内容です。
いっぽうのソーシャルスキルは、社会生活の技能です。
会話の仕方や人間関係のつくり方などが中心で、
発達障害の子には難しい内容も含まれます。

困難が理解されにくい「みえない障害」

発達障害は理解されにくい

発達障害は先天的な脳機能障害です。ADHD や ASD など、いくつかのタイプに分かれています。本人は生活上の困難を感じているのですが、それがまわりになかなか理解されません。

ADHD

注意欠如・多動症。「不注意」「多動性」「衝動性」の特性がある。発想力や行動力は高い人が多い。生活面では「身だしなみ」「住まい」「金銭管理」「外出」の悩みがとくに多い

SLD(LD)

限局性学習症。一般には LD(学習障害)と呼ばれることが多い。「読み書き」や「計算」を苦手とする特性がある。学習面以外に得意分野がある。生活面では「進路選択」「金銭管理」「法的な問題」の悩みがとくに多い

ASD

自閉スペクトラム症。一般には自閉症スペクトラムと呼ばれることが多い。「対人関係の困難」と「こだわりの強さ」が主な特性。記憶力や集中力は高い人が多い。生活面では「身だしなみ」「健康管理」「対人関係」「余暇」「地域参加」の悩みがとくに多い

発達障害の子は得手不得手が極端に分かれている。よくできることもあるため、障害だと理解されにくい。苦手なことがあっても「努力不足だ」などと誤解される。

ASD の子は対人関係を苦手としているが、勉強はできたりするため、一見、障害があるようには思われない

「形」がないのでなかなか気づかない

発達障害の特性は、心理的・行動的に現れます。子どもの感情表現や考え方、話し方、行動などに、独特の様子がみられるのです。

ただし、それらの特性には、手足のケガのように明確な「形」がありません。日々の生活のなかで、ときには色濃く、ときにはうっすらと、現れてくるものです。

特性があっても、まわりの人は子どもの発達障害になかなか気づきません。いわば「みえない障害」なのです。

子ども本人も、自分がどこか他の子と違うと思ってはいても、それが障害によるものだと気づいていないことがよくあります。

本人でさえ気づいていない場合も

発達障害の子どもや大人は、生きづらさを感じていても、それが障害によるものだと気づいていない場合があります。自覚度が低ければ低いほど、支援が不足しがちです。

障害特性の自覚度

- 知的障害をともなう発達障害だと診断されている。診断にそった支援が受けられる
- 発達障害の診断を受けている。診断にそった支援が受けられる
- 診断は受けていないが、本人や家族が発達障害だと考えている。対策をとっている
- 発達障害の特性があるのに、本人も家族も気づいていない。支援が不足している

未診断で無自覚なタイプはとくにサポートされないので、ライフスキルがなかなか育たない。

無自覚な子は、友達との会話がかみ合わず、孤立していても、誰からも支援を受けられない

なにより必要なのは理解すること

理解が将来を左右する

発達障害の子は、理解ある人に恵まれれば、生活に十分に適応できます。本人が自己理解を深めることも重要です。理解の有無が、その子の将来に大きく関与するといってよいでしょう。

ADHDの子は忘れ物が多くなりがち。それを本人やまわりの人がどう理解するか

発達障害がある

さまざまな特性があり、生活上の困難に直面しやすい。客観的にはトラブルが多いようにみえる

×特性への無理解

本人やまわりの人が特性を理解できていないと、「忘れ物」をするのは「なまけている」からだと考えがち

状態が悪化する

注意しても、誤解にもとづく指導では効果が出ない。子どもがストレスを感じ、「忘れ物」以外の問題も起こる

○特性を理解する

本人やまわりの人が特性を理解できれば、「忘れ物」の背景に「不注意」の特性があることがわかる

まわりの人が支援する

子どもの特性に合ったサポートをすることで、生活が変わる。家族が声をかけて「不注意」を補えば「忘れ物」は減る

その子に合った支援を

子どもの特性を適切に理解できれば、適切な支援がおこなえます。一般論にとらわれず、その子に合った支援を心がけてください。そうすることで、ライフスキルも身につきやすくなります。

「不注意」の特性があっても、
持ち物リストを玄関にかけて
おけば忘れ物は減る

一般論で育てる

「○歳になったら△△ができる」「子どもは□□するもの」といった一般論を、子育ての基準にしていると、発達障害の子を苦しめてしまう

- 身だしなみの整え方は自然に覚えるもの（→ ASD の子には難しい）
- 中学生になれば忘れ物も減ってくるはず（→ ADHD の子には難しい）
- もう小学生だから、こづかい帳を書いてもらう（→ LD の子には難しい）

×

理解にそった育て方

子どもの特性を理解し、それに合わせて育て方を調整する。その子が得意としていることを生活にいかし、苦手なことでは無理をさせない

- 生活習慣は、写真や絵、字を使って視覚的・具体的に教える
- 忘れ物を減らすために、家族が声をかけたり、リストを示したりする
- 書くことや計算が苦手な子には、パソコンなど別のツールを提供する

○

治療ではなく理解と支援が必要

発達障害の特性は、その子が生まれながらにもっている、特別な性質です。それは、困難につながることもありますが、その子の長所として輝くこともあります。

特性は、子どもの個性のようなもので、「病気」や「症状」のように治すべきものではないのです。

発達障害の子に必要なのは、特性を適切に理解し、生活のなかでうまく活用していくことです。

無理解な環境では二次障害が起こる

特性への理解が不足している環境では、発達障害の子はうまく適応できません。生きづらさを感じ、ストレスをつのらせます。

そのまま理解や支援が得られなければ、ストレスなどによって、心身の不調が引き起こされ、二次的な障害となります。

日常生活を送るために必要なスキル

WHOは10項目をあげている

WHO（世界保健機関）が1997年に、学生に対するライフスキル教育を書面にまとめています。そこではライフスキルとして右の10項目が提示されています。

1 意志決定
2 問題解決
3 創造的な思考
4 批判的な思考
5 効果的なコミュニケーション
6 対人関係のスキル
7 自己認識
8 共感性
9 感情への対処
10 ストレスへの対処

「LIFE SKILLS EDUCATION FOR CHILDREN AND ADOLESCENTS IN SCHOOLS」（WHO）より

発達障害の子には難しいことが多い

効果的なコミュニケーションや対人関係のスキルなど、発達障害の子の苦手とすることが、重要なスキルとされている。この10項目をすべて身につけるのは難しい。

「ライフ」とは生活であり人生でもある

ライフスキルとは、日常生活を送るために必要なスキルのことです。人によって生活は異なりますから、必要なライフスキルも、人それぞれに違います。

ＷＨＯなどのさまざまな機関がライフスキルを定義していますが、それらが必ずしも子どもに必要だというわけではないのです。

発達障害の子には、その子に合ったライフスキルが必要です。そこで本書では、発達障害の特性に合った一〇種のスキルを解説しています。一五歳までにこの一〇種を身につけていけば、その後の社会生活を大きな混乱なく、送っていけるでしょう。

発達障害の子のライフスキル

発達障害の子に必要なのは、WHO が提示したような総合的なスキルではなく、その子にとって重要で、なおかつ習得しやすいスキルです。本書はそれを 10 項目にまとめました。これは、アメリカで発達障害などの子の個別支援計画に使われている項目をもとにして考えたものです。

ひとりで外出したとき、交通機関をうまく使えるかどうか。ASD の子は予定していたバスに乗れないと混乱しがち

1 身だしなみ

髪型や服装など外見を整えることと、体を清潔にすること。相手や場面、季節などに応じて調整ができるようになるとよい

2 健康管理

肥満や睡眠不足などを防ぎ、健康を保つスキル。また、体調の変化を自覚し、不調のときには医療機関を利用できるようになること

3 住まい

掃除やゴミ捨て、整理整頓など、住まいの管理。ひとり暮らしをする場合には、公共料金の支払いや、決まりを守ることも含まれる

4 金銭管理

無駄づかいや借金などをひかえ、お金を計画的に使うこと。ひとりで買い物ができるようになることが出発点になる

5 進路選択

先の見通しを立てて行動するスキル。とくに進学や就労に向けて、自分に合った道を探したり、選んだりすること

6 外出

予定した時間や行き先、費用などを守って移動するスキル。ひとりで外出できるようになること

7 対人関係

できる範囲でマナーやルールを身につけ、人間関係で大きなトラブルを起こさないこと

8 余暇

休み時間や休日を快適にすごせること。勉強や趣味などに時間を使いすぎず、適度にリラックスできる

9 地域参加

家庭と通学先だけではなく、他にも参加できる場をもっていること。療育機関や発達障害の家族会など、理解ある場がよい

10 法的な問題

悪質な訪問販売などによる法的なトラブルをさけるスキル。また、不用意な金銭トラブルなどを起こさないこと

発達障害の子にどこまで教えるべきか

必要最低限のスキルだけでよい

本書では、発達障害の子にとって重要なライフスキルを一〇種類に分けて紹介しています。どのスキルも大切なものですが、早く習得しよう、どんどん向上させようなどとあせる必要はありません。

ライフスキルの育ち方は、子どもによって異なります。一〇種類のなかには、子どもがすでにできているものもあれば、トレーニングをしても育ちにくいものもあります。身につけるまでに時間を必要とするものもあるでしょう。

子どもの状態をみて、将来的なニーズを読みとりながら、必要最低限のスキルを育てていけば、それで十分です。

将来から逆算して考える

本書では発達障害の子にとって重要なライフスキルを 10 種類（27 ページ参照）紹介しています。それらはすべて、子どもが大人になったとき、必要となるスキルです。将来をみすえて、スキルを身につけていくのがポイントです。

大人になったときをイメージする

子どもが大人になったときの生活を想像する。親元にいるか、ひとり暮らしかなど、具体的に考えてみる。子ども本人の考えも聞くとよい

そのときに必要なスキルを考える

大人になったとき、どのようなライフスキルが必要か、考えてみる。買い物や炊事、洗濯、掃除など、具体的にあげていく

子どもが 20 歳になる日のことを、やや理想的にイメージしてみる

教えておきたいことは一人ひとり違う

同じ診断名でも、子どもによって不足するスキルは異なる。その子のニーズを読みとることが重要

ADHD

子ども時代には「服装の乱れを気にしない」「動作が全般的に雑」「部屋がちらかる」「道具をなくす」「忘れ物が多い」「お金をすぐに使ってしまう」「約束の時刻を守れない」といったスキル不足がよくみられる

SLD(LD)

子ども時代には「勉強に自信がなく、進路をまじめに考えない」「学校を軽視する」「お金の計算を間違える」「書き損じや書きもれが極端に多い」「大事なプリントを読みとばす」といったスキル不足がよくみられる

ASD

子ども時代には「いつも同じ服を着たがる」「髪の毛や体をきちんと洗わない」「具合が悪くても言わない」「放っておくと食べすぎる」「友達が増えない」「休み時間に孤立している」「放課後は部屋にこもっている」といったスキル不足がよくみられる

子どもが歯みがきをうまくできず、何度も虫歯になっているなら、いまのうちにみがき方を教えておく

不足しそうなことを把握しておく

大人になって必要になるライフスキルのうち、すでにできていること、いまのままでは不足しそうなことを把握する

足りないことが、その子の課題に

明らかに不足していて、いまのままではスキルが伸びそうにないところが、その子の重要な課題になる

ソーシャルスキルの練習には限界がある

発達障害の子には合わない場合も

発達障害の子は集団生活を苦手とすることが多いため、家族や支援者はその点を補おうとして、ソーシャルスキル・トレーニングに力を入れがちです。

その努力が実をむすぶこともありますが、多くはありません。むしろ発達障害の子に苦手な活動を強要する結果になり、かえって苦しめてしまうことがあります。

とくにＡＳＤの子の場合、人に合わせて行動することが、簡単ではありません。その点でスキルを伸ばそうとしても、限界があることを知っておいてください。

トレーニングが合う子と、合わない子がいるのです。

ソーシャルスキル・トレーニングとは

発達障害の子のスキルを育てる方法として、ライフスキル・トレーニングの他に、ソーシャルスキル・トレーニングがあります。対人関係やコミュニケーションのとり方を身につけるための、練習法です。

人のものを借りるとき、どんな表情・行動・言葉で頼めばよいか、実践してみる。支援者に問題点を教えてもらい、修正する

ソーシャルスキル・トレーニング

正確にはSocial Skills Training。略称 SST。日本語では社会生活技能訓練などと訳される。「持ち物の貸し借り」など特定の場面を設定して、適切なふるまい方を練習する方法

ソーシャルスキル・トレーニングの限界

練習によって身についたスキルは、練習時と似た状況ではよく発揮されますが、その他の場面ではうまく発揮されないことがあります。応用がききにくいのです。

「授業中のふるまい方」を身につけても、習い事の教室に行って、自由な環境におかれるとパニックになってしまう

年齢ごとのアレンジが難しい

ソーシャルスキル・トレーニングは長く実践されてきた手法だが、発達障害の場合、幼少期の場面設定が多い。高校生や大学生、社会人のための対応例は少なく、子どもの成長に合わせてアレンジしていくことが難しい。

ASDの子には効果が出にくい

ASDの子はもともとの特性として「対人関係の困難」があり、練習してもスキルが伸びにくい。また、練習して身につけたことを絶対的な基準だと考えてしまい、どこでも同じようにふるまって、新たなトラブルが起こることがある。

役立つ場面が限定される

「学校でのふるまい」「友達との付き合い」など、場面を設定して練習するため、その条件下ではスキルが役立つが、他の場面への一般化が難しい。練習を積んでスキルを身につけたのに、校外活動でパニックになる子がいる。

SSTはアメリカでつくられたもの

日本で実践されているSSTの多くは、アメリカのカリフォルニア大学で、精神科教授ロバート・リバーマンが開発した技術をもとにしています。リバーマンのSSTには、アメリカの生活習慣や文化が反映されています。自己主張をすすめるなど、日本の社会にはそぐわない部分もあります。

SSTは、もともと日本の発達障害の子ども向けにつくられたものではないわけです。発達障害への効果には限界があることを知っておきましょう。

※このページは、小貫悟＋東京YMCA ASCAクラス著『LD・ADHD・高機能自閉症へのライフスキルトレーニング』（日本文化科学社）を参考としてまとめました

ライフスキルは調整しやすいもの

ライフスキルは人に合わせなくてもよい

ソーシャルスキルはその名の通り、社会的なスキルです。社会、つまり他の人に合わせることが重視されています。

いっぽうのライフスキルは、子どもの生活や人生のためのスキルです。基本的にはその子のためのものであり、人に合わせることは必ずしも重要ではありません。

二つのスキルはよく似ていますが、大切にしているポイントが異なるわけです。ライフスキルのほうが幅が広く、柔軟性が高いので、発達障害の子に合わせて調整しやすいという特徴があります。

ポイントをおさえて、スキルを育てていきたいものです。

2つのスキルの違い

ライフスキルとソーシャルスキルは、どちらも生活に必要なスキルです。共通点もありますが、ライフスキルは生き方全般が課題となり、ソーシャルスキルはそのなかでも人との関わり方が中心的な課題になります。

ソーシャルスキルの特徴

人間関係の築き方やコミュニケーションのとり方など、他の人と関わるための方法が中心。集団生活のトラブルを減らすことを重視する

- 友達との付き合い方
- 適切な話し方
- 集団行動のときのふるまい方

ライフスキルの特徴

健康管理から対人関係まで、生活面のスキルはすべて含まれる。日々の生活を大過なく送っていくことが目標となる

- 食べる・眠るなど基本的な生活習慣
- 生活環境を管理すること
- 先の見通しをもって生活すること

よくわかりません。
失礼します

「道ばたで知らない人に話しかけられたら断って立ち去る」など、発達障害の子が身につけやすい、シンプルなスキルを学ぶ

ライフスキルの可能性

ソーシャルスキルを身につけることには限界がありますが、ライフスキルは自由度が高く、子どもに合わせて調整しやすいので、どのようなタイプの子も、しっかりと身につけることができます。

必要なことだけ

スキル習得というと、子どもの能力をどんどん伸ばしていこうという考え方になりがちだが、ライフスキルは生活に必要なことだけ身につければよい

できるところから

子どもが苦手なことまで、無理に練習する必要はない。身につきやすいことで苦手な面を補いながら、生活習慣を整えていく

たすけてもらって

子どもひとりで練習するのではなく、家族や支援者のたすけを借りるのが基本。困ったときには人に頼ってもよい

ワンポイント解説

人に頼ることがあってもかまわない

ライフスキルを「子どもがなんでも自分ひとりでできるようになること」だと思っている人が、よくいます。そういう人は、子どもに頼られたとき「自分でやってみなさい」と突き放しがちです。

子どもがひとりで考え、実践することも、ときには必要です。しかし発達障害の子はそれができなくていつも苦しんでいるのですから、まずは支えてあげましょう。

彼らは人を頼り、人のたすけを借りたほうが、安定して生活できます。苦手な部分を、人に補ってもらえるからです。ライフスキルは人に頼りながら身につけ、整えていくものだと考えてください。

援助を受けながらトレーニングするとよい

家族は子どもが何歳になっても支援を続けたい

COLUMN

職場でもライフスキルが必要になる

知識や資格だけでは仕事はできない

発達障害の子は、大人になって就職したあと、職場になじめず、仕事をやめてしまうことがあります。そのときにも、ライフスキルの不足が関与しています。

職場では、二つのスキルが求められます。知識や技術といった、仕事に直結するスキル（ハードスキル）と、遅刻をしないことのような、基本的な生活スキル（ソフトスキル）です。

発達障害の人が離職する場合、仕事のスキルよりも、生活スキルの不足が問題になることが多いといわれています。知識はあるのに、遅刻・欠勤でトラブルになったりして、やめてしまいます。

一五歳までにライフスキルを育てはじめることは、子どもが将来、職場に適応するための準備でもあるわけです。

仕事そのもののスキル（ハードスキル）

- 業務や業界に関する知識
- 仕事に必要となる技術
- 仕事に役立つ資格
- 実際の作業効率
- 仕事の習熟度、成長度

仕事の支えとなるライフスキル（ソフトスキル）

- 遅刻・欠勤を極力しないこと
- 職場の人間関係づくり
- 自分から質問や相談をすること
- 指示を理解する力
- ストレスへの対処

3

10種類のライフスキル・トレーニング

発達障害の子にとって重要な

10 種類のライフスキルを紹介します。

最初からすべてのスキルを身につけようとする

必要はありません。できるところからひとつずつ、

時間をかけてとりくんでみてください。

トレーニングの前に
ライフスキル・チェックリストにチャレンジ

ライフスキル・チェックリスト

子どものライフスキルをチェックしてみましょう。以下の項目を読み、できていることには○を、できていないことには×を記入してみてください。このリストは子ども用ですが、かっこ内の項目も確認すれば、15 歳以降も使えます。

毎日のライフスキル

朝

- □ 決まった時間帯に自分で起きる
- □ 顔を洗う、歯をみがく
- □ 朝食をとる（調理する、食器を洗う）
- □ 髪型などを整える（ひげそり、化粧）
- □ 適切な服装を選び、着る
- □ その日の天気、持ち物を確認する
- □ 出かける（施錠する）

昼

- □ 予定通りの場所・時刻に移動する（乗り物を使う）
- □ 先生や同級生にあいさつをする（隣人、同僚に）
- □ 給食をとる、配膳する（自分で昼食をとる）
- □ わからないことを先生に相談する（上司に）
- □ お昼休みに休憩をとる、トイレを済ませる
- □ 当番の仕事やクラブ活動をする（残業をする）
- □ あいさつをして、帰宅する

夜

- □ 買い物をする（ATM、電子マネーを使う）
- □ 帰宅して、手を洗い、うがいをする
- □ 夕食をとる（調理する、食器を洗う）
- □ 入浴し、髪や体を洗う（化粧を落とす）
- □ 部屋着やパジャマに着替える
- □ 余暇を適度に楽しむ、宿題を済ませる、翌日の持ち物を用意する
- □ 歯をみがき、目覚まし時計をセットして、就寝する（施錠を確認する）

親が声をかけなくても、寝る前に自室の窓を閉め、施錠することができるかどうか

週に1回～数回のライフスキル

- □ 友達と約束していっしょに遊ぶ
- □ 休日に余暇を楽しめる
- □ 休日でも一定の生活リズムですごせる
- □ 自分で爪を切る
- □ 洗濯を手伝う（自分でする）
- □ ゴミを捨てる
- □ 掃除をする、部屋を片付ける
- □ 消耗品の補充（自分で気づいて買いに行ける）
- □ 塾などの習い事の教室へ通う
- □ 翌週の予定を確認する

1ヵ月～数ヵ月に1回のライフスキル

- □ 理美容室で髪を切ってもらう
- □ 家族と長期間の余暇を楽しめる
- □ こづかいを管理できる（料金を忘れずに支払える）
- □ プリントなど提出物を用意できる（必要な手続きを忘れない）
- □ 不要なものをまとめて捨てる

不定期のライフスキル

- □ 知らない人の誘いを断れる（勧誘を断れる）
- □ トラブルがあったら親に相談できる
- □ ストレス解消法を身につけている
- □ 体調不良を説明できる（自分で受診できる）
- □ 貯金できる、お金を計画的に使える

できること・できないことを確かめる

ライフスキル・トレーニングをはじめる前に、子どものできていること・できていないことを確認しておきましょう。現状を把握したうえで、課題を設定し、トレーニングを調整します。

なお、一見できているようでも、じつは親が代行したり、かなりサポートしていたりして、子ども本人にはスキルが身についていないという例がよくみられます。子どもが自分でできるかどうか、チェックしてください。

結果の見方

このチェックリストは、合計点を出してレベルをはかるものではありません。子どもの状態を確認するためのものです。結果を参考にして、その子に合ったトレーニングとサポートを組み立てましょう。1年後にもう一度チェックすると、成長が実感できます。

「得意」をトレーニング、「苦手」はサポート

子どもの状態を理解する

チェックリスト（36ページ参照）を使ったり、医療機関を受診したりすることで、子どもの状態が少しずつみえてきます。そうして子どもを理解することが、トレーニングの出発点となります。

心理状態

日々の経験から、子どもが特定の生活習慣に強い苦手意識をもっている場合がある。その子の気持ちも理解しておきたい

いまのスキル

子どもがすでにできていること・できていないことを把握する。チェックリストで確認できる

子どもの特性

医療機関や支援機関で、子どもの発達障害の特性を聞く。専門家でなければわからないことも多い

「手先の細かな動作が苦手」という特性があり、「くつひもをむすぶスキル」が身につかなくて、「苦手意識」が強くなっているなどと、子どもをよく理解する

この先の目標

いま困っていることがわかれば、近い将来の目標もみえてくる。子どもの意見も聞き、ニーズをくみとる

診断名にとらわれない

診断名だけでは、子どもの状態はわからない。同じASDでも、子どもによって特性の現れ方は異なる。ADHDの特性が併存している子もいる。診断名にとらわれずに子どもをよくみる必要がある。

子どもに合わせてトレーニングを調整

ライフスキル・トレーニングは、トレーニングとサポートで構成されています。子どもの状態に応じて、トレーニングに重点をおいたり、サポートに重点をおいたりします。

	得意なこと	苦手なこと
できること	得意なことで、すでにできていることは**積極的にトレーニング**をするとよい。その生活習慣が定着し、上達して、暮らしやすくなる。成功体験が増え、自信にもつながる。	本来、子どもが苦手としていることは、**いまできていてもトレーニングよりもサポートをする**。子どもが努力して、無理やり適応している可能性があるので、要注意。
できないこと	得意なのにまだできていないことは、**サポートつきでトレーニング**をする。ある程度の支援があれば、身についていく可能性が高い。	苦手で、しかもできていないことは、すでに失敗をくり返し、嫌になっている場合が多い。**トレーニングはひかえ、サポートを中心に**する。

得意なことは積極的にトレーニング

ライフスキル・トレーニングでは、子どもに生活習慣の内容を教え、実践をうながして、スキル習得をめざしていきます。

ただし、その手法がうまく機能するのは、子どもが得意なことを練習するときです。得意なことは、練習によってさらに伸びます。

苦手なことは無理せずサポート

では、子どもが苦手としていることはトレーニングできないのか。そうではありません。

苦手なことは、適度にサポートしましょう。ただ実践させるのではなく、よりわかりやすい説明を心がけ、ときには手も貸します。

失敗しないようにサポートしながら、スキル習得をめざします。サポートとトレーニングのバランスをとることが大切です。

トレーニング
1～5の基本

衣食住を保つためのライフスキル

ひとり暮らしをイメージして考える

一〇種類のトレーニングのうち、前半の五種類は主に衣食住に関わるスキルです。

子どもが将来、ひとり暮らしをすることをイメージしてみましょう。そのときに必要となるスキルを、子どものうちから身につけていきます。

ただし、スキルはすぐに身につくものではありません。小・中学校の九年間を通して達成したいゴールを設定し、じっくりとりくんでいってください。

同時に、スキル習得の様子をみながら、中学卒業後の進路も考えましょう。将来をみすえてトレーニングしていきます。

家庭生活のためのスキル

トレーニング１～５では、主に家庭生活のスキルが身につきます。子どもが自分の力で衣食住を保ち、健康に生活できるようになります。そのスキルに合わせて、子どもの将来を考えていきます。

衣

衣類に関するスキル。季節や天候に合った服装を選ぶことや、着替えること、衣類を洗濯すること、必要な装飾品を買うことなど

食

食事に関するスキル。規則正しく、適度な量の食事をとること。自分で食べ物を買ったり、用意できたりすること

住

生活環境に関するスキル。部屋を片付けることや持ち物を整えること、日用品を補充することなど。また、自分に合った進路や環境を考えること

気になるところからスタート

5つのトレーニングには、順番はありません。トラブルが目立っていて、気になるところがあれば、そこからはじめてみましょう。36ページのチェックリストで、スキル不足がわかったところからはじめるのも、ひとつの方法です。

1 身だしなみ

「髪型などを整える」「適切な服装を選び、着る」「入浴し、髪や体を洗う」などのスキルが不足している子には、身だしなみの意味や清潔感の基準を教える

42ページ参照

2 健康管理

「朝食（昼食、夕食）をとる」「体調不良を説明できる」などのスキルが不足している子には、健康の基準を説明する

46ページ参照

3 住まい

「出かける（施錠する）」「掃除をする」「ゴミを捨てる」などのスキルが不足している子には、生活空間を「構造化」するとよい

50ページ参照

4 金銭管理

「買い物をする」などのスキルが不足している子には、こづかい制でお金の使い方を教える

54ページ参照

5 進路選択

「トラブルがあったら親に相談できる」スキルが不足している子、進路を考えるのが苦手な子には、見通しの立て方を伝える

58ページ参照

こづかいをすぐに使い切ってしまうことが気になっているなら、金銭管理のトレーニングから

1 身だしなみのトレーニング

常識的な清潔感を身につける

よくある悩み

清潔感がない

　着替えることや身だしなみを整えることが苦手です。何歳になっても、幼い子のように服装が乱れやすく、親は戸惑います。髪型や服装に清潔感がないことが悩みとなります。

服装が乱れる
服が折れたりはみ出したりしやすい。また、汚れていても、そのまま着てしまう
着替えに時間がかかる
着替えることや洗髪が苦手。なかなか上達しない。フケが多く出たりする
人目を意識しない
人にみられている意識が弱い。髪が伸びっぱなしだったり、奇抜な服装をしたりする
服装を選べない
場面や相手、天候に合わせて、適切な服装を選ぶことがうまくできない
いつもヨレヨレのジャージを着ている。冠婚葬祭の場にもその服装で行く

悩みの背景

正解がみえていない

　身だしなみが整わないのは、わざとそうしているのではなく、正解がわからないからです。どんな髪型や服装が望ましいのか、そのためにどんな手順が必要か、教えてあげましょう。

ADHD

不注意の特性があるため、身だしなみを整えることが全般的に苦手。作業が雑になりやすい

LD

上下左右や前後などを認知する力が弱い子がいる。身だしなみが整わないことがある

ASD

社会性が乏しく、身だしなみに関する常識がなかなか理解できない。興味もあまりもてない

整えるのが苦手

髪型や服装などを整えることが苦手。手順がわからない、注意力が弱い、手先が不器用などの背景がある。整えたいと思っているのに、うまくできない子がいる

確かめるのが苦手

身だしなみの確認が苦手。本人は整えているつもりでも、確認不足で乱れてしまう。注意力が弱い、自分と人を比べる意識が低いなどの背景がある

意味がわかっていない

社会性が乏しく、外見の意味を理解できていない子もいる。多くの中学・高校では制服があるため問題が発覚しにくい。大学生になって、急に身だしなみのトラブルが増えることがある

シャツのえりが曲がったままになるのは、整えることや確認して直すことが苦手だから

トレーニングの実践例は次のページへ

1 身だしなみのトレーニング

小学生は着替えられれば十分

小学生のうちは、子どもがひとりで着替えることを目標に。服装を選ぶことや用意することは、親がある程度サポートする。

実践例

マニュアルで基本を教える

本人が自力で身だしなみの正解を理解し、実践することが難しければ、親がマニュアルを用意して教えましょう。発達障害の子は応用が苦手なので、無理をさせず、基本を着実に伝えていきます。

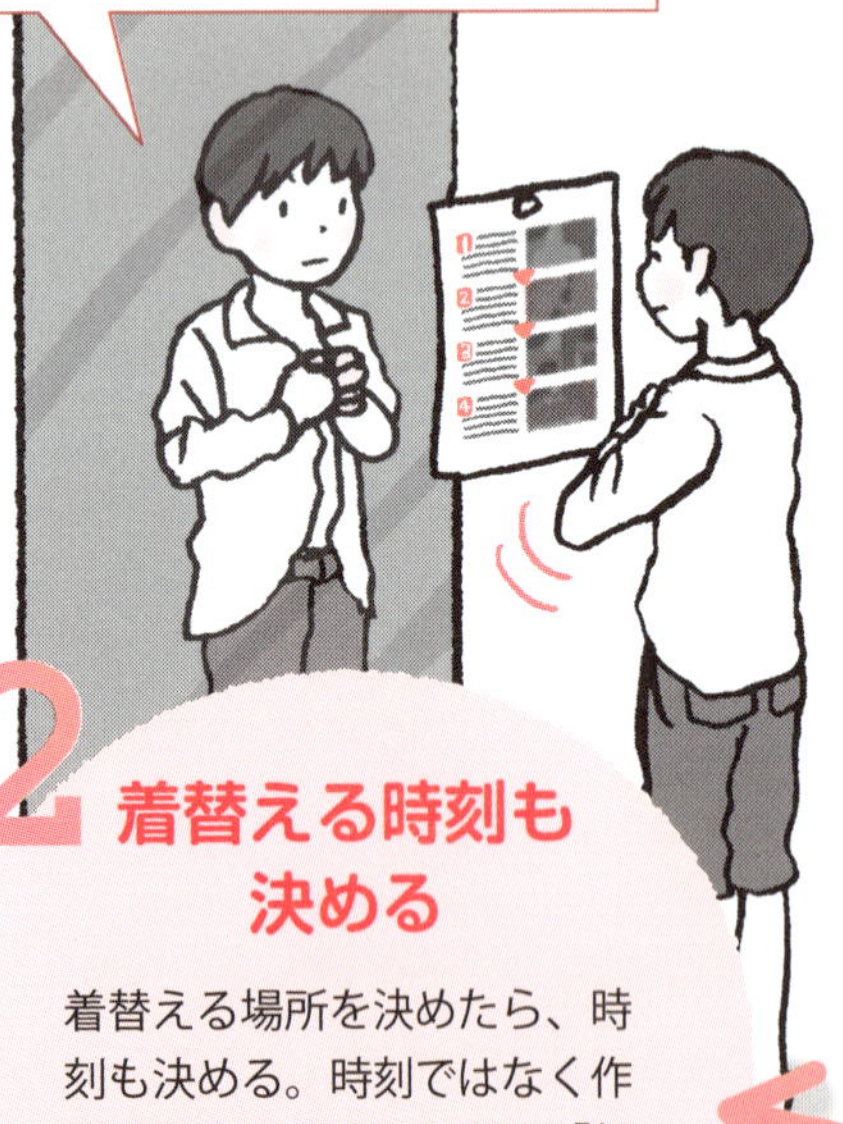

着替えの手順が身についていない場合は、マニュアルをつくって脱衣所に貼っておく。鏡に注意点を貼るのもよい

1 着替えるスペースを決める

混乱を減らすため、家庭内で着替えるスペースを決める。自分の部屋と脱衣所がよい。外出先で不用意に着替えるトラブルが防げる

よけいなものを片付ける

ADHDの子はまわりのものに気をとられやすい。よけいなものをしまって、集中しやすい環境をつくる

2 着替える時刻も決める

着替える場所を決めたら、時刻も決める。時刻ではなく作業の順序で示すのもよい。「朝は顔を洗ったあと」「夜は入浴後」などと具体的に決める

中学生は選ぶのも片付けも

中学生になったら、服装を選ぶこと、用意すること、片付けることも身につけていきたい。親は選び方などの基準を示してサポートする。

4 チェック表を使う

「えり」「そで」「汚れ」など、チェックポイントを表で示す。子どもがよくミスをすることにしぼって表をつくる。「気温」「天気」「月日」などの項目をつくるのもよい

写真をみて選ぶ

親が子どもの衣服を並べて服装の例として撮影。子どもにみせ、どちらがその日に適しているか、選んでもらう。選ぶことを通じて、服装の違いを学べる

暑さや寒さを感じにくい子もいる。毎朝、天気予報をみて気温を確認する習慣をつけ、それに合わせて服装を選ぶとよい

3 気温を基準にする

服装の調整の仕方を教える。気温を基準にして「25度以上は半袖」など、明確なルールを示す。天気をルールに加えてもよい

月日を基準にする

「7月から9月は半袖」などと月日を基準にしてもよい。衣替えは、ASDの子にとって理解しやすいといわれている。親が衣服を季節ごとのグループに分けておくのもよい

アドバイス

ただ待っていても上達しない

小学生ともなると、親は着替えや衣類の準備を手伝わず、子どもが自力で済ませるのを待つようになりがちです。その対応でうまくいく子もいますが、発達障害の子の場合、ただ待っていても上達しないことがあります。

着替えの手順や服装の選び方などを明確に示さないと、理解できない子もいるのです。

2 健康管理のトレーニング

肥満や体調不良、病気に対処する

よくある悩み

病気に無自覚

　体調不良にうまく対処できません。病気になっても登校したり、病院に行かなかったりします。親が心配して声をかけても「大丈夫」と答え、症状を説明しないことがあります。食習慣の乱れから不調になる子もいます。

高熱が出て病院に行き、インフルエンザの診断が出たのに、そのまま登校してしまう

病気の悩み

病気がわからない

体調が悪くなっても、病院にかかるなどの適切な行動がとれない。具合が悪いという自覚はある

説明ができない

痛みや症状をうまく説明できない。親や医師に理解してもらえず、結果として病気が悪化する

食習慣の悩み

食べすぎる

まわりが止めないと、食べすぎてしまう。間食が多すぎて、幼いうちから肥満になる子もいる

激しい偏食

好き嫌いが激しく、食べられるものが極端に少ない。給食で苦手なものが出るとすべて残したりする

悩みの背景

異常だと感じていない

発達障害の子には、行動や考え方、感覚などのかたよりがあります。体調不良になっても自覚しにくく、また、自覚しても常識的な行動をとれなかったりします。

ADHD

多動性や衝動性が、食事をはじめとする生活習慣の乱れにつながる。それによって体調が崩れやすくなる

LD

知識が不十分で、健康維持の仕方がうまく理解できていない場合がある

ASD

コミュニケーションが苦手なため、体調について、親やまわりの人と適切なやりとりができない

偏食が激しく、白米以外はほとんど食べない子がいる。味覚のかたよりや、考え方のゆがみが関係している

感覚的なかたより

体温の変化や痛み、味覚などの感覚がかたよっている場合がある。体調不良に気づきにくかったり、偏食になりやすかったりする。自分の感覚が多くの人と違うことに、本人はなかなか気づけない

衝動的に食べる

ADHDの子は衝動的に、不規則に食事をとり、そのために体調や体重の管理に苦しんでいる場合がある

知識や考え方のこだわり

ASDの子やLDの子は、自分の知り得たことだけで健康管理をしていることがある。食べ物にこだわったり、体調不良を軽くみたりすることがある

トレーニングの
実践例は次のページへ

2 健康管理のトレーニング

毎朝起きたら、食事の前に体温をはかる。数値を基準にすれば、体調を把握しやすくなる

実践例

その子専用の健康チェック法をつくる

「具合が悪いときは言いなさい」と伝えておいても、うまく対応できない子もいます。その子にあった健康法や健康チェック法をつくりましょう。親が子どもの不調を読みとるスキルをもつことも大切です。

1 定期的にチェックする

毎日決まった時刻に体温をはかる。体温計の使い方、親への報告、記録のとり方を具体的に教える

健康法を具体的に教える

手洗い、うがい、早寝早起きなど、健康を維持するために役立つ生活習慣をいくつか教えておく

2 病気の基準を示す

「体温が 37 度を超えたら病院に行く」など、客観的で明確な基準を示す。その後は医師の指示にしたがうようにする

症状の伝え方を教える

日頃から子どもの疲れや痛みについて話し合う経験を重ね、症状の伝え方を教えておく。親も理解するスキルを鍛える

1 親が好き嫌いを把握する

子どもの好き嫌いと、その背景を親が把握する。医師などの専門家に相談しながら、感覚のかたよりなどを理解する

実践例

数字と写真で食事を見直す

食習慣の乱れが目立つ子には、数字や写真など、その子が理解しやすい形で、食事について説明することが必要です。子どものうちに食べることの意味が理解できれば、15 歳以降にも、健康的な食事ができます。

2 健康状態を記録する

親子で食事や体重の記録をとる。体温と同様で、体重という明確な数値を示すことで、子どもが状況を理解しやすくなる

偏食の激しい子のなかには、メニューを選ぶ習慣がないだけという子もいる。食べ物の写真をみせ、選ばせると、食べられるものが増えることもある

3 食事の習慣を見直す

好き嫌いと体重の状態を参考にして、親子で食習慣を見直す。間食と体重の関係などを具体的に示し、子どもの理解をうながす

運動の習慣を見直す

食生活はすぐに変わるものではない。運動の習慣も同時に見直し、健康管理に役立てる。ASD の子には、チームスポーツより個人でできる運動がよい

内容や回数を示す

運動の内容や回数を親が決め、具体的に示す。指示しておかないと、運動が不十分になったり、やりすぎたりする場合がある。

3 住まいのトレーニング

居間や子ども部屋を片付ける

部屋をちらかしたまま、趣味のプラモデルづくりに熱中。呼びかけても返事もしない

よくある悩み

部屋がちらかる

好きなことばかりしていて、おもちゃや道具を片付けず、部屋がちらかります。大事なプリントをなくすいっぽうで、不要なものはためこむなど、管理能力の弱さがみられます。

部屋が片付かない

使ったものを出しっぱなしにするため、部屋がちらかる。遊んでばかりで片付けない

大事なものをなくす

学校に提出する大事なプリントを放置したり、なくしたりする

ゴミを捨てられない

不要なものをためこんで、なかなか捨てない。注意しても捨てようとしない

近所付き合いができない

自分の部屋にこもり、外に出ようとしない。近所の人にあいさつもしない

悩みの背景

３つのタイプに分かれる

部屋が片付かないという点では共通していても、ADHD の子と ASD の子、LD の子では、その理由がそれぞれに大きく異なります。子どもの特性を理解して、対応しましょう。

タイプの違いが大きい

居住空間の悩みの背景は、タイプによって大きく異なる。ADHD の子は片付けたくても片付けられないが、ASD の子はそもそも片付ける必要性を感じていない。

ADHD

不注意の特性があり、片付けるときにミスが出やすい。また、多動性と衝動性の特性があり、気分しだいで作業を中断するため、部屋がちらかりやすい。本人が片付けたいと思っていても、うまくできない

LD

部屋が過度にちらかることは少ないが、重要なものをなくすことはある。プリントの提出日を間違えたりする

ASD

こだわりが強く、独特の考え方で持ち物を管理する。親は不要だと考えるものをためこんだりする。社会性の乏しさもあり、部屋がちらかっていても、本人は片付けたいと思わないのが特徴

ひとりで管理するのが難しい

子どもに部屋の管理をまかせると、うまくいかない。道具の整理や部屋の掃除を親がサポートしないと、際限なくちらかっていく

机の上がちらかっていても、本人にはそれが心地よいという場合もある。勝手にものを整理すると、怒り出す

トレーニングの実践例は次のページへ

3 住まいのトレーニング

タイプ別の対応例

LDの子で読み書きが苦手なら、写真や絵、色などで分類を示す。ASDの子にも視覚的な情報が有効。文字情報も役立つ。ADHDの子には、分類を示すだけでなく、こまめに声をかけて注意をうながすとよい。

実践例

道具も家事も構造化する

ADHDの子、ASDの子、LDの子に共通して役立つ対応法があります。道具の使い方やしまい方、家事の手順などを「構造化」することです。構造化とは、ものごとの構造をわかりやすく示すこと。わかりやすい環境があれば、子どもの管理能力は伸びていきます。

1 道具を分類する

子どもが日頃使っている道具を、いくつかのグループに分類する。「文具」「衣類」など種類別でも、「日用品」「季節のもの」など時期別でもよい。子どもが理解に困っているポイントを構造化する

2 分類を文字や色で示す

道具を分類したら、グループごとに文字ラベルを貼ったり、色付きのビニールテープを貼ったりする。分類が子どもにひと目でわかるようにする

混乱をまねくものはしまう

分類にそって道具を整理する。「文具」の引き出しにおもちゃが入っていたら別の場所にしまい、混乱をさける

棚やテーブルが多すぎて混乱するようなら、部屋の模様替えをして、道具をシンプルに配置するのもよい

子どもによって、使いやすい道具は異なる。ADHDの子には手軽に使えるハンディモップが合うことが多い

3 家事の手順を教える

作業も構造化するとよい。掃除や洗濯の手順を3～5ステップくらいに分け、文字や写真でわかりやすく示す。道具の片付け方などを伝える

冷蔵庫も靴箱も構造化

冷蔵庫や靴箱、たんす、洗濯かご、書類を置く棚など、あらゆる場所を構造化する。ものの置き場所やしまい方、使い方などをわかりやすく示す。子どもが炊事や掃除、洗濯などの家事にとりくみやすくなる。

家事に使うものを教える

掃除機や雑巾、モップなどの掃除用具や、スポンジやたわしなどのキッチン用品など、道具の使い方も教える。ふいたりはいたりする回数や力の強さを示す

アドバイス

定期的にフォローする

住まいを管理するスキルが身につけば、子ども部屋の掃除などは本人にまかせられるようになります。将来的には、ひとり暮らしもできるようになるでしょう。

ただし、生活していれば、いろいろと不測の出来事も起こります。完全に子どもまかせにするのではなく、親が定期的に確認することも必要です。

チェックリストをメールで送る

メールを使ってフォローすることもできます。親がチェックリストをつくって送り、子どもに確認をうながすのです。文字情報を好むASDの子には、とくに役立つ方法です。

子どもには、部屋の状態を確認してもらい、最後に写真を撮って送ってもらいましょう。それをみて、またアドバイスします。

4 金銭管理のトレーニング

無駄づかいのくり返しを防ぐ

よくある悩み

お金をすぐに使ってしまう

　無駄づかいや衝動買いなど、お金の使い方の粗さが目立ちます。注意しても、なかなかあらたまりません。お金の貸し借りを抵抗なくしてしまうこともあります。

お金を使いすぎる

無計画にお金を使う。こづかいや電子マネーを渡すと、すぐに使い切ってしまったりする

買い物がうまくできない

明らかに不要なものを買ったり、高額の商品を親に無断で買ったりする

料金を正しく払えない

買い物のとき、支払う金額を間違えたり、支払えないものをレジに持って行ったりする

人にだまされる

お金のやりとりで、人にだまされる。見ず知らずの人にお金を貸したりする

スマートフォンを持たせたら、アプリなどを買いすぎてトラブルに。親が登録していたクレジットカードに多額の請求がきて発覚した

悩みの背景

金銭感覚が機能していない

　一般的な金銭感覚が身についていない場合があります。また、身についていても、衝動性の強さなどが影響して、うまく機能していない場合もあります。

ADHD

不注意・多動性の特性が買い物のミスや無駄づかいに、衝動性の特性が文字通り、衝動買いにつながる

LD

計算ミスや、買うものを間違えるなど、買い物の際のトラブルが多い

ASD

社会性の乏しさから、常識的には買わないようなものに手を出しやすい。お金に独特のこだわりをもつ子もいる

常識がわかっていない

社会性が乏しく、金銭感覚が育ちにくい。お金はすべて使ってよい、使ったらまたもらえばよいと思っている場合がある

欲求がおさえられない

衝動性が強い子は、ものが欲しくなるとすぐに買ってしまう傾向がある。お使いに行って、別のものを買ってきたりする

計算がとっさにできない

LDで計算が苦手な子は、代金を言われたとき、うまく支払えないことがある。ASDの子は買い物の手順がわからず戸惑ったりする

　中学・高校ぐらいの年代になってくると、お金のやりとりが親どうしの金銭トラブルにつながる可能性もある。早めに対処したい。

友達に気軽にお金を貸してしまう。借金はトラブルになりやすいという常識がわかっていない

トレーニングの実践例は次のページへ

4 金銭管理のトレーニング

子どもがこづかい帳を使い、自分でお金を管理する。親も例外的にお金を渡したりせず、こづかい制を守る

実践例

買い物や貯金を経験させる

金銭感覚を養うためには、実際にお金を使い、管理する体験が必要です。ただ体験するだけでなく、成功体験を積むことが大切で、そのためには親のサポートが欠かせません。お金を使うことには限度があるのだと、教えていきましょう。

1 こづかい制にする

こづかい制にして、子どもがお金の管理に成功するよう、サポートしていく。さまざまな工夫を組み合わせ、子どもが運用しやすいしくみをつくる

- 「支出と残額」などをグラフで表示して、お金の量をイメージできるようにする
- 自分のお金を自分で使う経験が、子どもの実感を育てていく
- こづかいを明確にすることで、おねだりをされたときに断る理由ができる
- 買う前に、欲しいものを書き出し、優先順位をつけることを経験させる
- 計算が苦手な子には、電卓などのツールを自由に使わせる。苦手なことは強要しない
- こづかい制を通じて、買い物には限度額があるということが認識できる

買うものと売り場の一覧表をつくり、スタンプラリーのようにしてスーパーをまわると、混乱しにくい

2 買い物の手順を教える

ものを買うときのミスが多い子には、買い物の手順を教える。現金を支払うのが難しい子には、電子マネーを使わせるのもよい

情報の整理を手伝う

買うときに混乱しないよう、事前に必要なものを書き出し、売り場のまわり方を考えておく。また、料金の見方や調べ方を教える

3 高額の買い物は相談させる

買い物の限度額を親子で決める。一定の金額を超える買い物については、事前に必ず相談させる

カードの使用は慎重に

紙幣や硬貨よりも、電子マネーを使うほうが、買い物がうまくいく子もいる。ただしカード類を使う場合、限度額を設定しておくなど、慎重な対応が必要に

スマートフォンやパソコンなど、高額の商品が必要になったら、親子で相談しながら買うようにする

5 進路選択のトレーニング

自分に合った決断をサポート

よくある悩み

進路をうまく選べない

自分の進路を現実的に考え、希望をかためることが苦手です。なかなか判断できない子、非現実的な判断をする子など、さまざまな子がいます。

決めすぎる悩み

考えずに決めてしまう

「○○大学」「社長」などと進路希望を明言するが、高望みだったりして、考えて決めているようにみえない

資格に強くこだわる

多くの資格をとることにこだわっている。資格をとれば働けると思いこんでいる

親が現実的な話をしても、こだわりが強く、聞く耳をもたない

決められない悩み

学校を決められない

進路をなかなか決められない。自分にどのような選択肢があるのか、理解できていない

学校に行きたがらない

そもそも、学校に行きたがらない。それ以外になにかをしたがるわけでもない

悩みの背景

自己理解の弱さ

発達障害の子は、自分ひとりで情報を集めて考え、常識的な判断を下すことが、得意ではありません。衝動的になってしまったり、考えがかたよったりしがちです。自己を客観的にみることができていない場合が多いのです。

ADHD

ものごとを計画的に、順を追って考えていくことが苦手。思考も多動・衝動的になり、希望がなかなかまとまらない

LD

勉強が苦手なために、進路が思い通りにならず、落ちこんでしまうことがある。LDだと気づかないまま、進学をあきらめてしまう子も

ASD

こだわりが強くなり、進路や仕事、資格に対する考え方が硬直化しやすい。対人関係が苦手で、人に相談できないのも難点に

考え方がかたよる

自分で決めた進路にこだわり、人の声に耳を貸さない。考え方がかたよっている

見通しを立てられない

進学や就労に向けて、自分で見通しを立てることが難しい。具体的な指示を受けないと、自分からはなかなか動けない

一般常識がわかっていない

必ずしも希望する職種につけるわけではないことなど、常識的なことがわかっていない

二次障害が起きている

学校で失敗することが続き、自己否定的になっている。発達障害に二次的な障害が重なり、進路を考えられない状態に

衝動的に判断している

深く考えず、衝動的に判断することがある。進路の重要な相談のときに、そういう決断をしてしまう

自信を失い、登校することもストレスになっていて、進路にまで頭がまわらない子も

トレーニングの実践例は次のページへ

5 進路選択のトレーニング

本人が進路について、なかなかうまく考えられなくても、親は丁寧に質問し、辛抱強く聞く

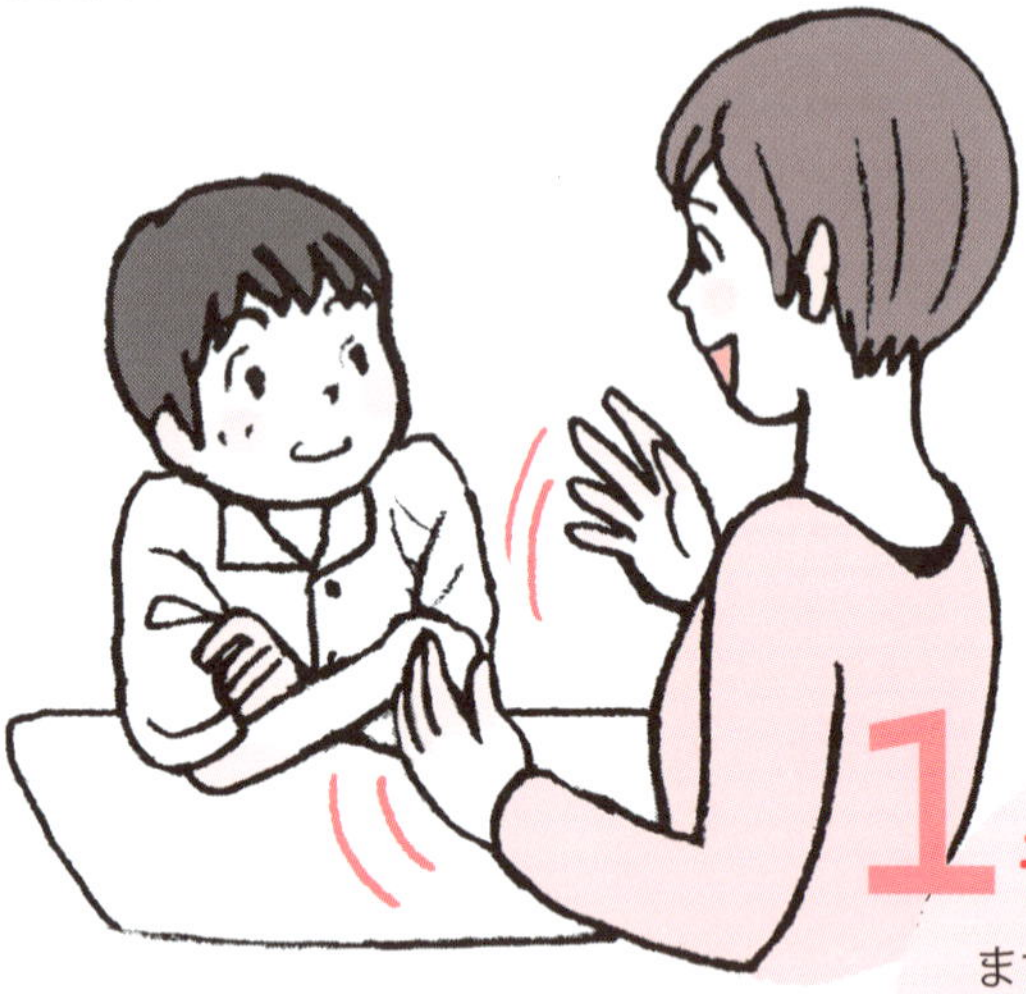

実践例

親がある程度の見通しを立てる

　子どもには進路選択の機会が何度も訪れます。進学や就労といった重要な選択から、習い事の時間を決めるような日常的な選択まで、さまざまです。そのつど、親が見通しを立てて説明し、子どもに判断してもらいましょう。そのやりとりがトレーニングになります。

1 子どもの話を聞く

まずは子どもの考えや希望を聞く。突拍子もないことを言い出しても、頭ごなしに否定しない。本人が理解できていること、そうでないことを把握する

2 見通しを立てる

本人の話、学校の成績、発達障害の状態、これまでの本人の経験や知識などをもとに、親が進路の見通しを立てる

✕「この子の好きなようにさせてやりたい」と、本人の希望だけを優先するのもよくない。厳しい道へ進んでしまい、二次障害が起こることがある

✕「この子には判断できない」と思いこみ、親が進路選択を代行するのはよくない。本人が意欲的にとりくめなくなる可能性が高い

話して聞かせるよりも、文字でみせたほうがわかりやすい子もいる。話し合いの内容を文章にしてプリントするとよい

年表を書くのもよい

　時期の見通しを立てるために、いまから進学や就労までのスケジュールを年表のように書き出すのもよい。子どもが、いまの課題を理解しやすくなる。

3 親子で希望をまとめていく

親が子どもに見通しを示す。文字や写真などで、その子にとってわかりやすく説明するのがポイント。そのうえで、親子で話し合う

4 最後は本人が決断する

親子で、現実的に子どもが適応しやすい進路をいくつか選び、そのなかで子ども本人が最終的な決断をする

アドバイス
支援制度の利用も考える

進路を選ぶときの重要なポイントが、発達障害への支援制度を積極的に使うことです。

　制度を使えば、子どもは理解者のもとで、支援を受けながらすごせます。支援があれば、得意な部分が伸びやすくなり、スキルも着実に身についていきます。

　反対に、無理解な環境を選んでしまった場合には、それが本人の希望する道だったとしても、子どもはなかなか適応できません。

　進路選択のミスのほとんどは、その子に合わない道を求めることによって起こっているのです。

小・中学校では特別支援教育が受けられる。支援を求めるかどうか、主治医にも相談して決める

仕事をはじめるときには就労支援が受けられる。発達障害を職場に伝えて就職することもできる

トレーニング
6～10の基本

地域で活動するためのライフスキル

リラックスできる居場所を増やす

ライフスキル・トレーニング、後半の五種類では、地域生活で重要なことを身につけます。

ライフスキルというと、家庭での寝食、身だしなみだと考える人もいるかもしれません。しかし、家庭生活のスキルだけでなく、家庭から学校までの移動、学校での人間関係づくりなどにも、ライフスキルが関わります。

家庭でも地域でも一定のスキルを発揮できれば、生活はより安定します。余暇をすごすことや地域参加も大切です。また、家庭外で大きなトラブルが起こると法的な問題になることもあるので、その対策にもとりくみましょう。

地域生活のためのスキル

トレーニング６～10では、家庭の外に出て、地域で活動するためのスキルが身につきます。学校や地域社会、職場など、さまざまな場で、安定して生活できるようになっていきます。

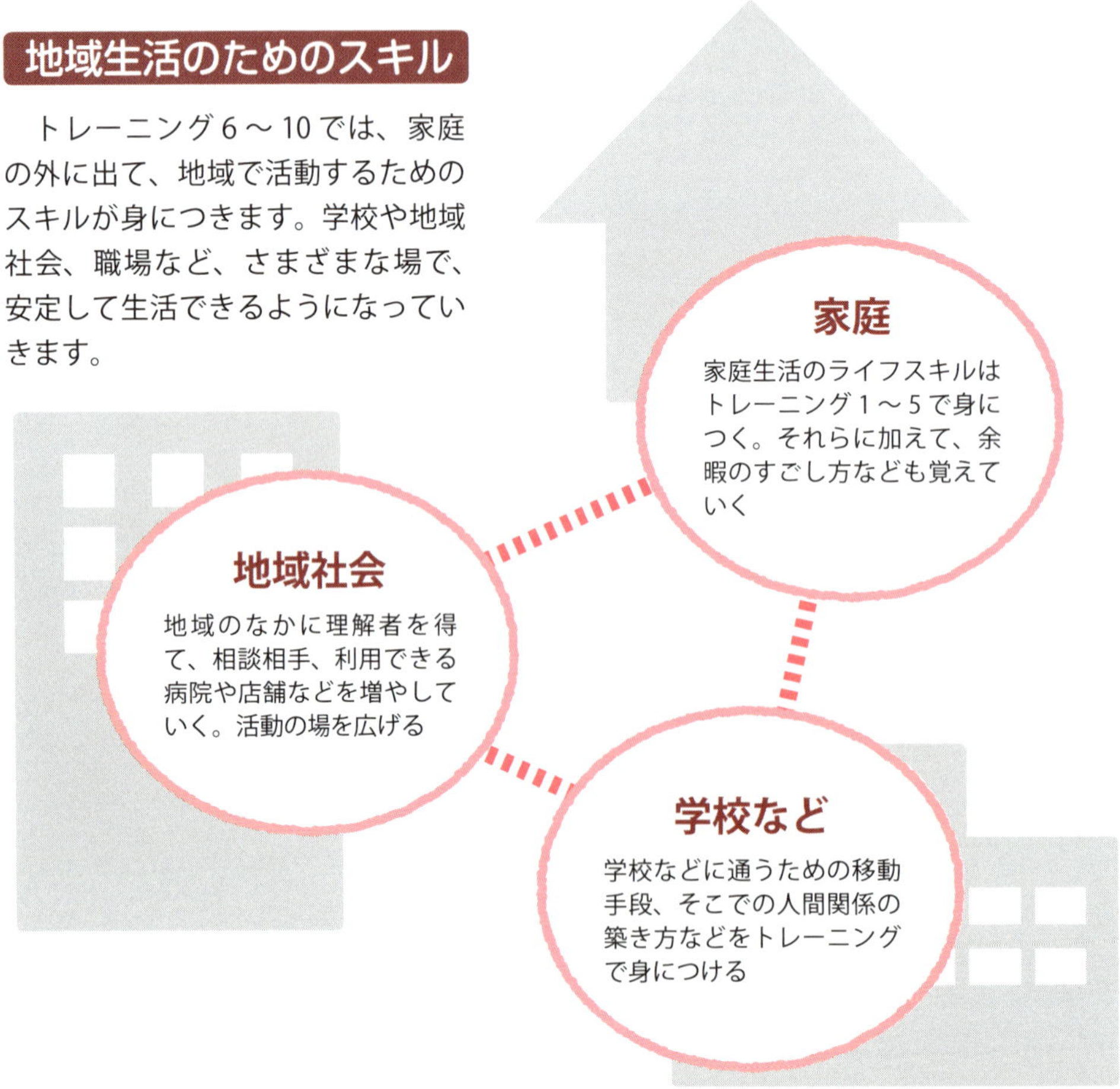

家庭
家庭生活のライフスキルはトレーニング１～５で身につく。それらに加えて、余暇のすごし方なども覚えていく
地域社会
地域のなかに理解者を得て、相談相手、利用できる病院や店舗などを増やしていく。活動の場を広げる
学校など
学校などに通うための移動手段、そこでの人間関係の築き方などをトレーニングで身につける

気になるところからスタート

6～10のトレーニングも、これまでと同様に、とくに順番はありません。子どもの日頃の様子や、36ページのチェックリストを参考にしながら、気になるところからとりくみはじめましょう。

6 外出

「予定通りの場所・時刻に移動する」「友達と約束していっしょに遊ぶ」などのスキルが不足している子は移動のシミュレーションなどにとりくむ

64ページ参照

7 対人関係

「先生や同級生にあいさつをする」「わからないことを先生に相談する」などのスキルが不足している子は人に質問したり、頼ったりする経験を積む

68ページ参照

8 余暇

「お昼休みに休憩をとる」「休日でも一定の生活リズムですごせる」などのスキルが不足している子には、余暇のすごし方を助言したほうがよい

72ページ参照

9 地域参加

「当番の仕事やクラブ活動をする」「理美容室で髪を切ってもらう」などのスキルが不足している子は、地域に理解者を求めていく

76ページ参照

10 法的な問題

「買い物をする」「知らない人の誘いを断れる」などのスキルが不足している子には、法的な問題をさけるためのルールを理解してもらう

80ページ参照

地域のサッカークラブに理解者がいて、運動がストレス解消になれば、子どもの生活はより安定する

6 外出のトレーニング

予定通りに移動することをめざす

よくある悩み

迷って遅刻する

　学校行事などで、特定の場所で待ち合わせをするときに、そこに予定通りに行けません。道に迷ったり、交通機関をうまく利用できなかったりして、遅刻してしまいます。

降りるはずの駅を乗り越してしまう。新幹線や特急電車のように何度もアナウンスがあっても、ミスをする

交通機関の利用が苦手

電車やバスなど、交通機関を使って移動することが苦手。乗り遅れたり、乗る方向を間違えたりする

道に迷いやすい

方向を見失い、道に迷うことが多い。地図を持っていても迷う

待ち合わせに遅れる

約束した時刻に行けない。電車の乗り換えをミスしたり時間を間違えたりして、遅れてしまう

悩みの背景

情報処理が苦手

移動のスキルの不足には、情報処理を苦手とする特性が関わっています。発達障害の子は見聞きした情報から､必要なものだけを取捨選択し､それにそって計画的に行動することが苦手です。

ADHD

不注意の特性が大きく関与する。移動経路を理解していても、駅名などの案内を見落として、誤った方向へ行ってしまう

LD

地図をみることが苦手な「ディスマッピア」というタイプのLDがある。地図があっても迷う子が当てはまる

ASD

こだわりの強さ、社会性の乏しさから、自分のペースや考え方を優先しがち。約束の時刻ちょうどに移動しようとして、30秒でも遅れるとパニックになったりする

あれ？　いまどこを歩いているんだっけ？

スマートフォンで地図を表示し、GPS機能で現在位置を確認しても、道に迷ってしまう

情報の取捨選択が難しい

看板をみたり案内音声を聞いたりしても、その情報を活用できない。不注意で見逃したり、自分のこだわりを優先して、情報を参考にしなかったりする

計画の立案・実行が苦手

待ち合わせの時刻や場所にもとづいて、移動の計画を立てることが苦手。計画を立てても、実行するのが苦手だったりもする

位置や方向を見失いやすい

移動中に、自分のいる位置や方向がわからなくなる。ADHDの子やLDの子に多い。地図やGPSの使い方がなかなか身につかない

トレーニングの実践例は次のページへ

6 外出のトレーニング

発達障害の子は手元に集中しすぎて、人にぶつかったりすることが多い。メモや写真、地図などをみるときには、必ず立ち止まることを決まりにする。

実践例

チェックポイントをつくる

臨機応変に経路や時間を調整するのは難しいでしょう。目印となる建物や利用する電車などを決め、チェックポイントをたどるようにして移動すると、成功でき、スキル定着につながります。

基準点に着いたら立ち止まってメモをみる。その内容にしたがって、次の基準点をめざす

1 基準点を決める

まずは自宅の近くを移動できるようにする。郵便局や神社のように、移転しにくい建物を基準点にする。迷ったら基準点に戻ることにする

基本の道順を覚える

コンビニや塾、友達の家など、よく行く場所への道順を一定にして、覚えてもらう。周辺地図を用意し、行けるようになった場所にシールを貼る

文章や写真で行き方を示す

自宅から目的地への行き方を箇条書きにする。基準点を使って説明するとわかりやすい。写真を数枚、ファイルにまとめて示すのもよい

2 経路をシミュレート

自宅周辺の移動に慣れてきたら、より遠くへの外出を試す。親が事前に電車やバスに乗り、写真や動画を撮っておけば、それをみせてシミュレートできる

乗り方をマニュアルで学ぶ

料金の払い方、乗り方、座席の座り方、荷物の置き方、降り方などを、交通機関別にマニュアルにする。それをみせて理解させる

予定表を持ち歩く

交通機関の乗り継ぎなどを書き出して予定表をつくり、子どもに持たせる。困ったときの連絡先も書いておく

混み合った場合、乗るときも降りるときも「すみません」と言いながら歩くということも、マニュアルで教えておく

乗り物別の注意点

電車

改札、乗降口などが明確に示されているため、バスに比べると、乗り降りなどの混乱は少ない。ただし、乗り換えでミスをすることがある

バス

バス会社やバスの車種などによって、乗り降りの仕方や料金の払い方などが異なる。実際に乗る路線の使い方を、具体的に覚えるとよい

タクシー

運転手に行き先をうまく伝えること、雑談をすることが問題になりやすい。必要なことだけ話す練習をしておく

自転車

道路上で走ってもよいところ、そうでないところを明確に示す。また、停めてもよい場所、カギのかけ方、駐輪場の使い方などを教える

7 対人関係のトレーニング

援助の求め方を身につける

よくある悩み

トラブルが減らない

　対人関係のやりとりが、うまくできません。不用意に悪口を言ってしまったり、ささいなことで相手を叩いたりして、トラブルが起こります。注意して、反省させても、また同じことをくり返してしまいます。

先生が呼びかけているのに、気づかない。結果として、先生を無視した形になってしまう

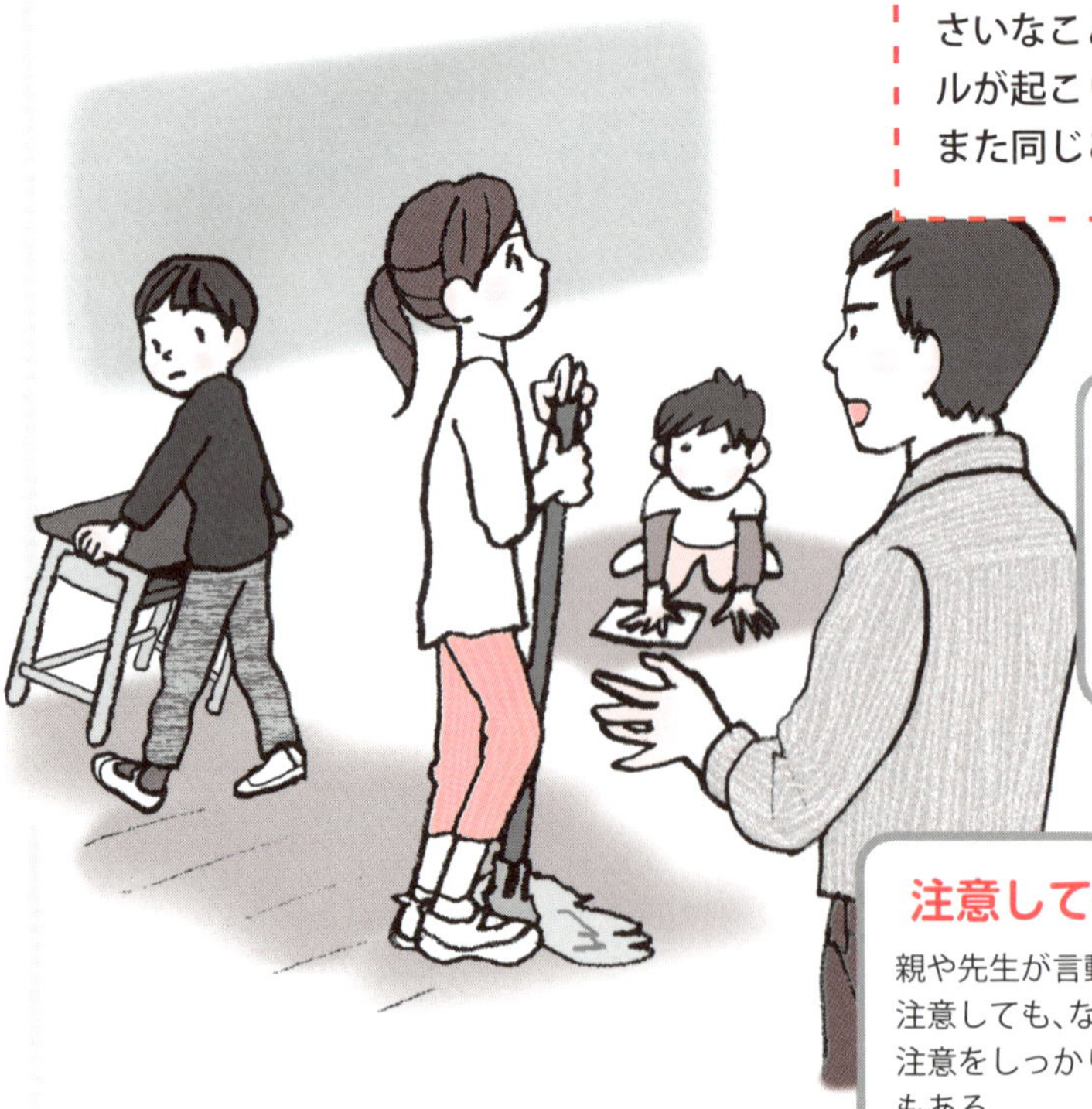

人付き合いのトラブル

友達と口論やケンカになったり、人から「態度が悪い」と注意されたりすることが多い。人間関係がうまく築けない

注意しても直らない

親や先生が言動や態度について注意しても、なかなか直らない。注意をしっかりと聞かないこともある

悩みの背景

そもそも根本的に苦手

　発達障害の子は、対人関係のやりとりが根本的に苦手です。そもそも、他の子にはない特有の性質があるわけですから、集団生活に適応しにくいのも当然です。悩みの背景をよく理解して、子どもに無理をさせないようにしてください。

ADHD

人付き合いでは衝動性がトラブルにつながりやすい。よくないとわかっていても、つい手が出てしまうことがある

LD

LDの特性を原因とする対人関係のトラブルは少ない。会話の内容を理解するのが遅れたりすることはある

ASD

主な特性のひとつが「対人関係の困難」なので、人付き合いは難しい。人の気持ちを読みとるのが苦手。言葉の意味にとらわれ、相手の真意をつかめない。冗談や皮肉を本気にしたり、相手に批判をはっきり言ったりして、トラブルになる

死ぬわけないだろ！
変なこと言うな！
謝れよ！

運動のあとで友達が「もう死にそうだな」などと冗談を言ったら、怒り出した。会話がかみ合わない

ささいなことが気になる

他の子は気にしないような、ささいなことにこだわる場合がある。軽い冗談や小さな物音、人のミスなどを、過度に嫌ったりする

人に合わせられない

発達障害の特性があるため、大多数の子と同じように行動することは、そもそも苦手。足並みをそろえようとすると、ストレスを感じる

↓

集団への苦手意識が強くなる

学校などの集団生活で失敗や衝突をくり返すうちに、苦手意識が強くなる。「自分には学校は向いていない」などと言い出す

トレーニングの実践例は次のページへ

7 対人関係のトレーニング

はさみなどの刃物を借りたときには、持ち手を相手に向けて返す。動作もマニュアルで覚えていく

実践例

人を頼ることを前提に

スキルというよりも、マナーやルールとして教えてみましょう。手順を具体的に書き出すなど、マニュアル化した教え方が有効です。同時に、困ったときやイライラしたときの対策として、たすけを求めるスキルも教えます。

1 できることは覚える

対人関係のスキルは無数にある。そのなかから、子どもが覚えやすく、生活のなかで重要になることを厳選して、教えていく。セリフをすべて敬語で教えておくと、大人になってからも活用しやすい

役立つマナー・ルールの例

借りる
まわりの人にものを借りるときは無断でとらず、「すみません、貸してください」と言って、承諾を得る

返す
ものを返すときには、使う前と同じ状態にして、「ありがとうございました」とお礼を言って渡す

質問する
困ったら「すみません、教えてください」と言い、わからないことを質問する。解決法を教えてもらう

謝る
なにかを間違えたら、気づいたときにすぐ「すみません、間違えました」と謝る。対処法を聞く

伝える
トイレに行きたいときや、体調が悪いときには「すみません」と言って、事情をまわりの人に説明する

頼る
なにをどう伝えればよいかわからないときは「すみません、どうすればよいでしょう」と言って、状況を伝える

すみません、トイレの
場所を教えてください

家庭や学校で質問する経験を積むと、市民センターなどの外部施設で困ったときにも、同じように行動できる

2 できないことは相談する

練習しても覚えられないことは、それ以上無理をせず、まわりの人に相談したり、人を頼ったりする。親が友達や先生に説明して理解を得たほうがよい場合もある

同じ時間に、同じ人に聞く

質問や相談が苦手な子は、人に聞く時間を決めるとよい。家庭では親に、学校では先生に、一定の時刻に話しかけ、気になる点を聞く習慣をつける

文字や絵、写真を使う

とっさに言葉が出にくい子もいる。「トイレに行きたい」ということを示す文字や絵のカードをつくっておき、先生などに理解を求めるという方法もある

アドバイス
電話よりもメールが使いやすい子もいる

子どもがある程度大きくなり、携帯電話を持たせたときに、話すのが苦手な子でほとんど電話を使いこなせない子もいます。

電話のかけ方をマニュアル化して教えてもスキルが身につかないときには、メールでのやりとりに切り替えてみましょう。

簡単なひと言をわざわざメールで伝えるのは不自然だと思うかもしれませんが、文字情報のほうが安心して使える子もいるのです。

8 余暇のトレーニング

自由時間をほどほどに楽しむ

同級生とスポーツをすると、よくトラブルになるため、徐々に誘われなくなっていく

よくある悩み

休み時間にうまく交流できない

休み時間や休日に、家族や友達とほどよく遊ぶことができません。ひとりで特定の作業に没頭したり、友達と言い合いになったりして、うまく交流できないのです。ただし、ひとりでいることで、安定している子もいます。

ひとりでいれば落ち着く

ひとりですごすぶんには、問題が少ない。好きなことをして、落ち着いてすごせる場合が多い

↔

対人トラブルが起こるか、交流しないか、両極端に分かれる

人に関わるとトラブルに

友達と連れ立って活動すると、トラブルが起こりやすい。場の雰囲気を乱す言動が目立ち、やがて仲間はずれにされる

悩みの背景

マイペースを崩せない

自分の考えやペースを優先してすごそうとするため、休み時間や余暇にほどよく交流したり、ほどよく休んだりすることがなかなかできません。

ADHD

多動性があり、余暇を落ち着いてすごせない。休まずに遊び続けてしまう。また、衝動的な言動でトラブルを起こし、余暇の居場所を失う子もいる

LD

余暇のトラブルは少ない。むしろ授業や勉強の悩みが多く、休み時間にもその問題を引きずることがある

ASD

臨機応変な行動が苦手なので、授業中よりも休み時間に混乱しやすい。社会性が乏しいこともあり、場の空気を読んで、ほどよくふるまうことが難しい

好みのかたより

集団行動の最中でも、自分の興味を優先しがち。まわりの子の好みに合わせることがなかなかできない

過度に集中しやすい

興味のあることに、過度に集中する。時間を忘れて遊び、休み時間や休日に疲れがたまることもある

自由な時間が苦手

授業のように時間や活動内容が決まっているほうが楽で、休み時間に自由になると、なにをしてよいか、わからなくなる

数人で班をつくり、遠足へ。事前に順路を決めておいたのに、気になるものをみつけると単独行動をしてしまう

トレーニングの実践例は次のページへ

8 余暇のトレーニング

ジョギングをすることがストレス解消になる子もいる。親子で走ってみると、その子に合うかどうかがわかる

実践例

どこでなにをするか、決めておく

ほどほどに休むとはどういうことか、親が具体的に示しましょう。どこに行き、どんな活動を、何時間かけておこなうか、表などに書き出して、説明します。その枠組みにそって活動するうちに、余暇のすごし方が身についていきます。

1 子どもの様子をよくみる

日々の生活のなかで、子どもが興味をもてる活動、熱中できる活動を探す。子どもの様子をよくみて、ときには本人の気持ちを聞く

体験の機会をもうけるとよい

「ASD の子には電車好きが多い」と言われるが、子どもによって好みは違う。15 歳までにさまざまな活動を体験させ、落ち着いてとりくめることを探すとよい。未知の体験をさせるときには、事前に予告して、子どもに見通しを示す。

2 その子に合う余暇を考える

余暇の活動として組みこめそうなことをリストアップ。経済的な負担が軽く、まわりの人に迷惑をかけないことを残していく

ASDの子は、図書室や図書館で本を読むことを好む場合が多い。対人関係にわずらわされず、自分のペースですごせる

3 居場所を決める

余暇の活動について、枠組みをつくっておいたほうが混乱が少ない。まず活動する場所を決め、家族で共通理解をもっておく

活動内容を決める

運動をする、楽器を弾くなど、活動内容も決める。所要時間や本人の体力、まわりへの影響などを考慮し、家族が活動量を適度に調整する

スケジュールを決める

休み時間、一日のなかの余暇、休日、長期休暇と、各種の休憩を想定して、スケジュールを組む。色分けした表などでわかりやすく示す

日課も組みこむ

帰宅後の余暇のスケジュールを立てるとき、食事や入浴、宿題などの日課も合わせて考える。遊びはじめると集中してしまう子の場合は、入浴や宿題を余暇の前に予定する。

4 バリエーションを増やす

ひとつの活動に集中するよりも、読書と運動、支援機関での交流など、いくつかの余暇を組み合わせるほうがよい

9 地域参加のトレーニング

支援者とのつながりをもつ

よくある悩み

地域に居場所がない

家庭と学校ではそれなりの支援を受け、適応できているものの、その他には活動拠点がないという子がよくいます。落ち着いてすごせているのはよいのですが、15 歳以降の生活を考えると、地域での活動も経験しておきたいところです。

地域差がある
活動の多さや規模には、地域によって差がある。自治会や消防団などの活動がさかんな地域では参加経験を積みやすい。都市部では地域活動が少なく、親もほとんど参加していない場合がある。
地域参加できない
学童保育や習い事の教室など、地域の集まりになじめない。参加してもトラブルになり、やめてしまう。隣近所との付き合いも少ない
地域参加したがらない
親が地域の活動に誘っても、参加したがらない。そもそも興味がなかったり、過去のトラブルを気にしていたりする
学校から帰ると、そのまま自分の部屋にこもり、インターネットで動画をみるなど、好きなことをしている

悩みの背景

なかなか理解されない

地域社会には、発達障害の特性を知らない人もいます。そこにただ参加しても、なかなか理解は得られないでしょう。人間関係のトラブルを、わざと引き起こしているなどと誤解される場合もあります。

ADHD

参加を嫌がることは少ない。しかし多動性・衝動性があり、興奮しやすいため、参加者と衝突してしまうことがある

LD

勉強面で困難がある子を、その克服のために学習塾へ通わせると、過度の負担をかけてしまう

LDの子は対人関係のトラブルが少ない（69ページ参照）ので、地域参加でも問題は起きにくい。

ASD

集団行動が苦手なので、地域活動に参加したがらない場合が多い。交流は求めず、活動そのものだけに参加すると、適応しやすい

人間関係でトラブルに

新しい活動に参加するとき、活動そのものよりも、人間関係でトラブルになることが多い。マイペースなことを敬遠される

誤解されやすい

地域の施設やグループには、発達障害のことを知らない人もいる。特性を誤解され、過度に注意されたりすることがある

地域の自治会に入り、大勢でのバーベキューに参加。しかし他の子のように作業を手伝おうとせず、問題になった

トレーニングの実践例は次のページへ

9 地域参加のトレーニング

理解のある人と交流できる居場所を増やしたい。まずは支援機関で心理士や保健師など、発達障害を知っている人と接する

実践例

支援機関を拠点にして

　地域参加にもいろいろな形があります。一般のグループにどんどん参加するよりも、まずは発達障害の支援機関の活動に参加しましょう。そこを足場にして、他の場へと、活動範囲を広げていきます。

1 支援機関とつながる

まずは家庭や学校以外に、発達障害の特性を理解してくれる場を探す。発達障害者支援センター、療育センターなどの支援機関で、グループ活動に参加するとよい

親の会や協会も頼りになる

　支援機関の他に、発達障害の子をもつ親が参加している会でも、理解や共感が得やすい。「LD 親の会」や「自閉症協会」が全国的によく知られている。

×「経験は多ければ多いほどよい」などと考え、子どもを連れ回していると、その子は疲れ切ってしまう

×地域のスポーツクラブなどに参加するなら、支援を受けたほうがよい。支援なしではトラブルが起こりやすい

ファミリーレストランが発達障害に配慮し、子どもの食品の持ちこみに対応してくれたという例もある。理解者はさまざまな場所にいる

2 理解者を教えてもらう

支援機関や親の会などで、発達障害への理解がある施設や店舗などを教えてもらう。場合によっては紹介してもらってもよい

理解者を増やしていく

教えてもらった場所を利用し、活動拠点を広げていく。習い事の教室や学習塾でも発達障害への対応をはじめているところがある

理解者の例

発達障害を理解し、サポートしてくれる施設が増えている。

- ファミリーレストラン
- 歯科などの医療機関
- 図書館
- 児童館
- アパレルショップ
- 靴屋　など

アドバイス

サポートブックをつくるのもよい

子どもの特性を書面にまとめ、「サポートブック」として持ち歩くのもよいでしょう。

子どもがどのような配慮を必要としているか、具体的に書いておきます。主治医にその内容を確認してもらい、医師も認めていることを記しておきます。

レストランなどの施設で支援を求める際、子どもの状態を説明するための資料として使います。

10 法的な問題のトレーニング

ルールを教え、万一にも備える

よくある悩み

法的トラブルが起こる

15 歳をすぎる頃には、行動範囲が広がり、金銭のやりとりも増えてきます。誤解や口論、ケンカといったトラブルよりもさらに深刻な、法的トラブルが起こるようになります。早めに予防策をとりたいところです。

相手の言っていることを信じて、誘いにのってしまう。不当な契約書にサインをさせられるなど、大きなトラブルに

だまされて被害者に

マルチ商法の業者や、悪質な勧誘、性行為を求める異性などに言いくるめられ、被害を受けてしまう

誤解されて加害者に

店舗での支払いの方法など、その場のルールがわからず、結果として万引きや無銭飲食に。あとで支払うと言っても許してもらえない

悩みの背景

警戒心が弱い

多くの子は成長するにつれて、常識的なルールを理解し、そこから逸脱するあやしい人をさけるようになっていきます。しかし発達障害の子は、ルールを理解することも、人の悪意を警戒することも、苦手としています。

ADHD

よく考えれば問題だとわかるのに、不注意でよく確認せずに判断したり、衝動的に行動したりして、後悔することがある

LD

契約書など、書面を使ったやりとりでのトラブルが多い。読み書きや計算が苦手で、詳細を確認できないままサインしてしまう場合がある

ASD

社会性の乏しさが、大きなトラブルにつながる場合がある。異性に不用意に近づいたりして、性的なトラブルが起こることも。法律を文面として理解することはできても、生活のなかで活用することが苦手

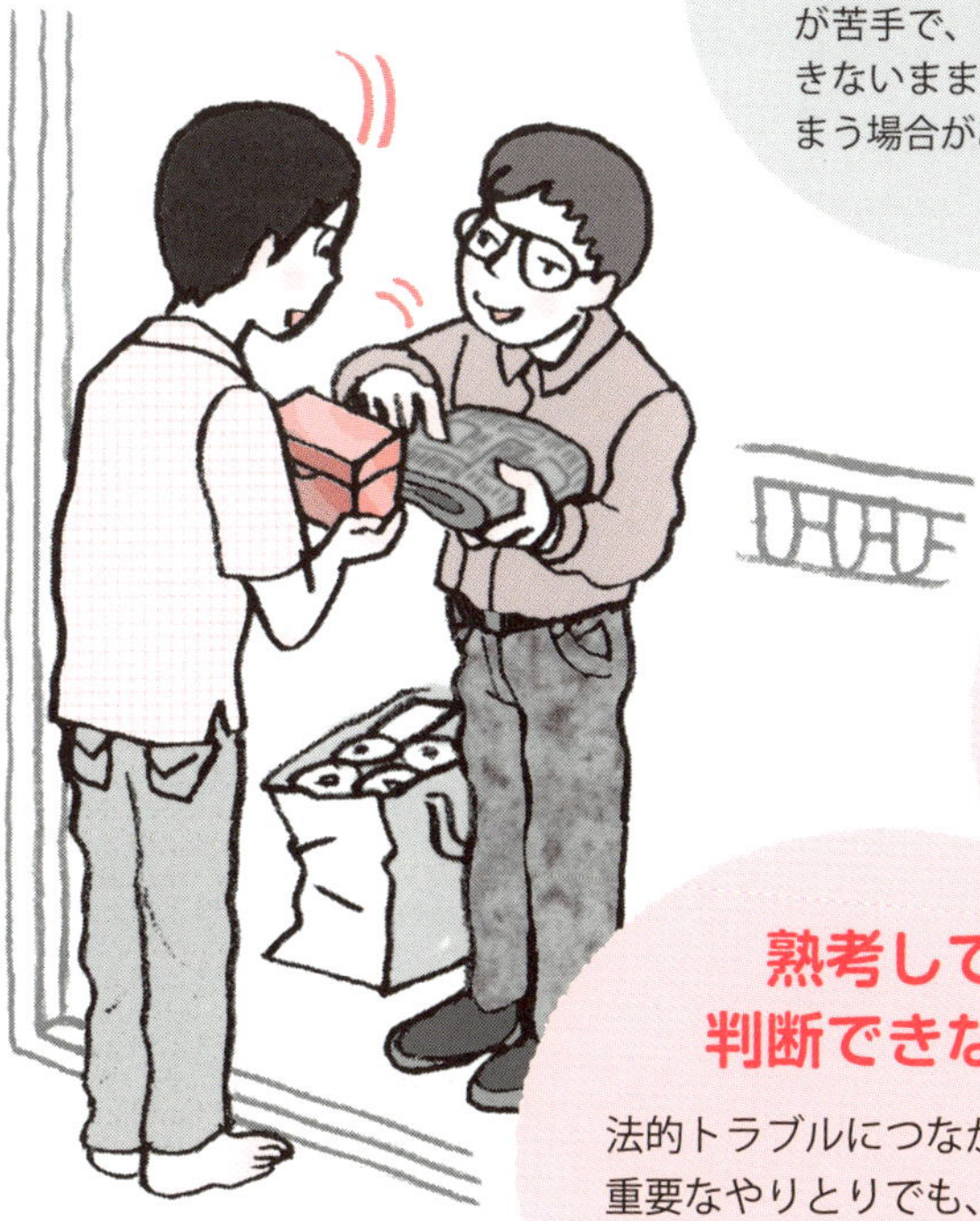

新聞の勧誘を受けたとき、どれもよい話だと思って、何社も契約してしまった

知識や経験の不足

料金の支払いや各種手続きなどを家族に手伝ってもらうことが多く、知識や経験が足りない。また、家族の姿をみて覚え、学ぶことが苦手

熟考して判断できない

法的トラブルにつながるような重要なやりとりでも、人を信じて即決したり、深く考えずに判断したりする

小さい頃から失敗をくり返している子の場合、自己否定的になっていて、一見親切そうな人が現れると、つい信じて頼ってしまうことがある。

トレーニングの実践例は次のページへ

10 法的な問題のトレーニング

1 危険を説明する

どのような誘いや状況が危険なのか、具体例をあげて説明する。被害・加害どちらのリスクも考慮して例をあげる

マニュアルをつくる

異性関係など、いま課題になっていることのマニュアルをつくる。「男女の体の違い」「会話のときの距離」などを具体的に示す

マニュアルの例

- 契約書類の扱い方
- 食事の誘いへの対処法
- 料金を調べる方法
- 万引きを疑われたときの答え方

実践例

危険をさけるためのルールを学ぶ

悪質な業者は、ある意味ではソーシャルスキルのスペシャリストです。その人たちに対抗してスキルをみがいても、かないません。それよりも、苦手なことをさける方法を考えましょう。

発達障害の本に、具体的なエピソードが紹介されていることもある。文字情報を理解するのが得意な子なら、本を渡すのもよい

わかりません。
日曜日に来てください

留守番をしているときに誰かがたずねてきたら、話を聞かずに断る。断り方だけを、スキルとして身につける

2 苦手なことを把握する

会話が苦手な子は、危険な相手だと感づいても、うまく話せないことがある。その子の苦手なことを親が把握し、その点では無理をさせない

勧誘はすべて断らせる

悪質な勧誘を見分けることは困難。勧誘はすべて断るように伝え、そのためのセリフも具体的に教える

危険な場所を教える

繁華街やイベント会場など、法的トラブルが起こりやすい場所がわかっていれば、そこをさけるように伝える

3 家族が見守ってサポート

トラブルをさける方法をどれだけ教えていても、本人の力だけでは予防しきれない。家族が定期的に本人と連絡をとり、問題が起こっていないかどうか、確認する

アドバイス
定型発達に近づけようとしない

発達障害の子にマナーやルールを教えるとき、定型発達の子を基準にするのは、間違いです。

発達障害の子には、その子なりの得手不得手があります。それを尊重せず、定型や平均に近づけようとすれば、必ずその子に負担をかけます。

その子の特性や生活を基準にしてください。

難しいことにはサポートを増やす

難しいことができるなら そもそも障害ではない

本書では、一〇種類のトレーニングを紹介しています。いずれも重要なものですが、子どもがそのすべてをまんべんなく実践することは、簡単ではないでしょう。

そもそも発達障害の子のスキルは、アンバランスに発達します。かたよりがあり、どうしても難しいことがあるからこそ、発達障害と診断されているのです。

一〇種類すべてがうまく実践できなくても、気にしないでください。難しいところは、親が十分にサポートすればよいのです。

「この点ではサポートを受けたほうが生活しやすい」と子どもが学ぶのも、重要な一歩です。

効果があることは続ける

子どもにスキルを説明し、生活のなかで実践してもらったとき、うまくできて生活が改善した場合には、そのまま継続します。

効果あり

トレーニングをはじめて、生活上のトラブルが減った。子どもにも過度の負担がかかっていない

トレーニング

同様の実践を重ねていく。慣れてくると、親の声かけや補助的な道具が不要になっていく場合もある

最初は写真とメモを持って移動していたが、一定の行き先には、なにも持たずに行けるように

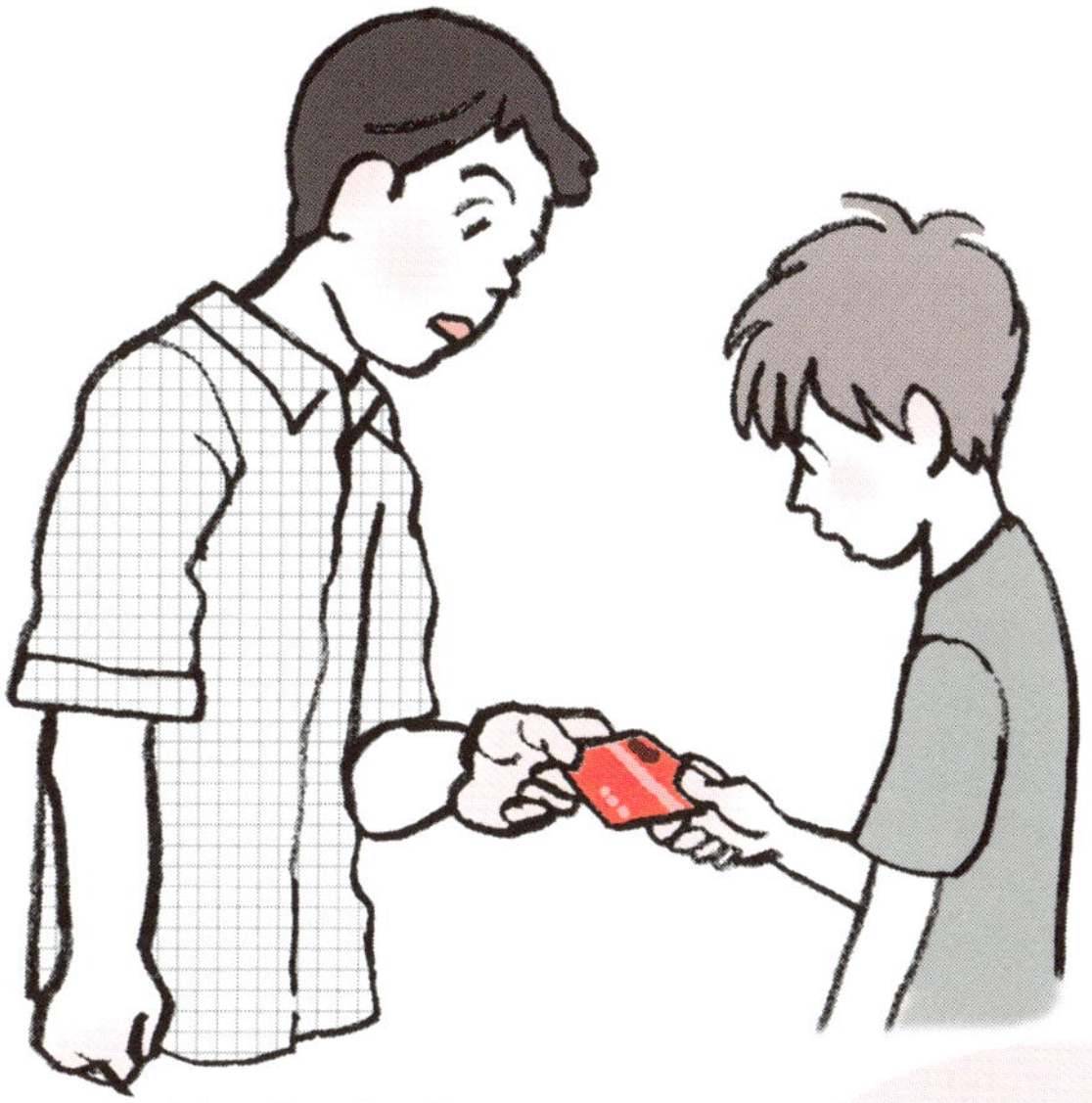

財布の使い方を教えても買い物ができなければ、電子マネーの利用を考える。子ども本人ではなく、親が工夫して、よりよい実践法を考える

難しいことはサポートを多めに

具体的に説明し、マニュアルを持たせてもうまくいかないときには、そのスキルはとくに苦手なことなのだと理解できます。サポートすることを増やして、様子をみましょう。

効果なし

トレーニングをはじめても効果がない。ひとつの問題は解決しても、応用がきかず、生活全体は改善していない

サポートを増やす

説明を変えたり、実践することを減らしたりして、子どもがもっととりくみやすい環境をつくる

様子をみる

サポートを増やして、しばらく様子をみる。効果が出なければ、さらにサポートの仕方を見直す

さらにトレーニング

実践を重ねればいずれ効果が出ると考え、そのままトレーニングを続ける。子どもがストレスをためていく

逆効果

結局、問題の根本的な解決にはならない。子どもが失敗を重ねて意欲を失うなど、別の問題も起こってくる

特訓は効果がない

トレーニングは、子どもに合ったものでなければいけない。子どもにとって厳しい特訓では、効果はまったく期待できない。

COLUMN

ライフスキルは検査ではかれるもの？

専門的な指標がいくつかある

すでに解説した通り、ライフスキル・トレーニングをする前に、子どものいまの状態を知ることが大切です。親が日頃の様子を観察し、医師などの専門家にも相談して、子どもを理解していきます。

医療機関や支援機関では、専門的な検査や指標が使われることもあります。子どもの生活能力や社会適応の程度を知るために、一定の基準を参考にするのです。

生活改善のとりくみの前後で、医師などが検査や指標の結果を比較し、子どもの状態の変化を確かめることもあります。

S-M 社会生活能力検査

130 項目の生活行動で構成されている検査。1 歳～ 13 歳の知的障害がある子どもを、主な対象としている。発達障害の子には補助的に使われる。着替えや食事、移動など、本書でとりあげているスキルが項目として含まれている

ヴァインランド適応行動尺度（※）

社会適応の程度をはかる尺度。発達障害の子に活用される。5 つの領域に分かれていて、そのうちのひとつが日常生活スキル領域。歯みがきや入浴、食事、地域参加など、本書でとりあげているスキルが項目として含まれている

その他

「ABS 適応行動尺度」や「知的障害者社会生活能力調査票」といった指標も、ライフスキルの確認に活用されることがある

※ 2025 年 3 月現在、日本では Vineland- II が最新版として使われている

4

トレーニングとサポートで
トラブルが減る

適度なサポートを受けながら

ライフスキル・トレーニングにとりくむと、

子どもの生活上の困難やトラブルは、

確実に減っていきます。

効果を確認しながら進めていきましょう。

トレーニングの効果

本人が自分の得手不得手を理解できる

実践し、実感しながら自分の姿を知っていく

ライフスキル・トレーニングの主な目的は、生活に必要なスキルを習得すること。しかし、トレーニングによって得られることは、それだけではありません。

親子でさまざまな生活習慣を見直し、子どもが本人なりの方法で実践を積み重ねていくと、その子は体験のなかで、自分の得意な領域を理解していきます。

そして同時に、何度やってもうまくいかない、自分の苦手な領域も知ることになります。

得意なことを知って自信をもちながら、苦手なことも知る。自分を肯定的にみながら、自己理解を深めていけるのです。

自己理解が深まる

トレーニングによって、ライフスキルの習得が進むとともに、本人の自己理解が深まります。

得意がわかる

本人が、自分の得意なことを理解できる。難しい作業でも、得意なやり方を活用すればこなせることがわかっていく

- みて学ぶのが得意か、話を聞いて学ぶのが得意か
- 作業は確実性を重視するか、速さを重視するか
- 長所は行動力か、記憶力か、コミュニケーション能力か

自分の得手不得手を知ることが、発達障害対応の出発点になる。苦手なことを自覚できれば、失敗しても対策がとれる。

苦手がわかる

得意なことだけでなく、苦手なこともあるのだと理解する。苦手なことの補い方も、少しずつ学んでいく

- 複数の作業の同時進行を苦手とする場合が多い
- その場の状況に応じて臨機応変に活動することが苦手
- 会話や読み書きなど、一部の活動だけが極端に苦手

今後の見通しが立つ

基本的な生活習慣を身につけるとともに、そのなかで本人の特徴がいかせる方向性がみえてくれば、先の見通しも立ちます。

会話が苦手でも、タブレットの操作が得意だとわかれば、それを通じて友達をつくったり、目標をもてたりする

本人の自己肯定感が高まる

苦手な作業や失敗ばかりではないのだと理解することで、本人は自分を肯定できるようになる

本人の将来の夢が広がる

得手不得手を理解し、得意なことを活用する経験を重ねると、その延長線上に将来の夢をもてるように

親は必要な支援がわかる

本人とともに、親の理解も進む。親は子どもをなにもかもサポートする必要はないことを理解し、本当に必要な支援を把握できる

目標と現実のギャップが埋まる

発達障害の子には、失敗続きで自信を失っている子もいれば、学力の高さを通じて過度の自信をもっている子もいます。

ライフスキル・トレーニングによって、そういった過小評価や過大評価が修正されます。生活習慣全般を学び直し、実践していくなかで、よくも悪くも、自分のいまの姿がわかるのです。

現実を知った子は、それに合わせて目標を調整できます。大学や就職先を選ぶ前に、目標と現実のギャップが埋まるわけです。

必要最低限の生活習慣が身につく

効果は着実に出る

トレーニングの効果は、少しずつ着実に出ます。できることやわかることが増えていき、トラブルが減ります。

少しずつ成長する

劇的な変化ではなく、「持ち物の確認をする」「言われなくても自分でする」など、小さな一歩を積み重ねていく

マナーやルールが身につく

一定のマナーやルールが身につく。学ぶことを増やしすぎず、できることを確実にマスターしていくほうがよい

応用力は伸びにくい

覚えたことを応用したり、展開したりするのは苦手。スキル習得には限界があることもわかっておきたい

できることで生活が成立する

これまでにも解説した通り、トレーニングが発達障害の子の困難をすべて解消してくれるわけではありません。彼らにはどうしても苦手なことはあり、だからこそ、発達障害という診断があります。

しかし、トレーニングには小さくとも着実な効果があります。子どもたちは社会のマナーやルールを学び、その対応法を身につけていきます。その学びは部分的なものですが、しかし、それでも日々の生活を送るには十分です。

悩みや失敗がなくなることをめざすのではなく、いまよりも安定した生活をめざして、トレーニングにとりくんでいってください。

「おしゃれな髪型」「髪のセットの仕方」がわからなくても、「髪の毛をとかす」ことができれば、生活には十分

生活は十分にできる

トレーニングの効果は、劇的なものではありません。しかし、スキルが少しずつ伸びていけば、日常生活は十分にできます。トラブルを防ぐことはできるのです。

必要な常識は学べる

じつは生活に必要な常識は、さほど多くない。応用が苦手な発達障害の子も、十分に学べる

サバイバルはできる

一定のスキルを身につければ、日常生活を送ることは十分にできる。トレーニングで学べるのはサバイバルスキルともいえる

まわりに理解を求める

苦手なことを家族や同級生、先生が理解してくれれば、より安心。応用しきれないところは、親しい人に周知しておく

トレーニングはまわりの人にこそ必要

児童精神科医の佐々木正美先生は「トレーニングが必要なのは、発達障害の子ではなく、まわりにいる私たち」だと言っています。

発達障害の子は、人に合わせる努力を十分にしています。いっぽう、まわりにいる私たちが彼らを理解し、サポートする努力を十分にしていないから、彼らが苦労しているのではないでしょうか。そのくらいの意識で、サポートを心がけたいものです。

生活が安定し、能力が十分に発揮される

生活上の困難が減る

トレーニングによってライフスキルが身につけば、子どもの生活は安定します。生活上の困難が減り、ストレスも軽減します。

生活が安定することで、子どもがのびのびと活動できるようになる

生活の安定

なにごとにも見通しが立つようになり、生活全体が安定する。毎日の習慣や手順、生活リズムなどが一定に

宿題や入浴などに手間どることが減って、十分に睡眠をとれるようになり、生活リズムも安定する

能力がいきて成功が増える好循環に

トレーニングを通じてさまざまな実践をするうちに、子ども本人も親も、「こうすれば生活しやすい」という実感をもちます。その実感は、形となって現れます。子どもは自分がとりくみやすい方法を選択するようになり、親もそれを尊重できるようになります。

また、トレーニングを実践するなかで、暮らしやすい生活環境が整っていきます。棚ひとつとっても、シールを貼るなどの工夫で、使いやすくなっていくのです。それによって、子どもは本来の能力を十分に発揮できるようになっていきます。これもトレーニングの効果のひとつです。

本来の力が発揮される

困ったり失敗したりすることが減り、子どもは自信をもって生活できるようになっていきます。ものごとに意欲的にとりくみ、本来の能力を発揮するようになります。

生活全般が安定することで、交流の範囲も広がる。パソコンの知識やスキルを、年上の学生にみてもらうこともできる

能力の発揮

発達障害の子には得手不得手があり、苦手な部分が目立ちやすいが、生活が安定すると、得意な部分もどんどん発揮される

他の力も伸びてくる

得意なことを通じて、ひとつのスキルを身につけると、活動も気持ちも安定し、ほかの部分の力も伸びやすくなる

親との関係もよくなる

親にとって「何度注意しても直らない」という状況は解消する。親は子どものことを理解でき、親子関係がよくなる

その子に合った道へ進める

どんな方法、どんな環境ならものごとがうまくいくか、わかってくる。本人も親も、適切な選択肢をとれるようになっていく

本来の能力が発揮され、生活がますます安定し、充実していく

親以外の「ライフスキル・サポーター」が支えに

サポートを得るスキルが育つ

　ライフスキル・トレーニングは、子どもがひとりでとりくむものではありません。親や先生、友達などまわりの人に支えられながら、進めていきます。その過程で、子どもは人のサポートを得るスキルも、身につけます。

連絡事項でわからないところがあったら、下校前に先生に聞く。そのように、人を頼るスキルも身につく

サポートを受ける経験

トレーニングの際、まわりの人のサポートを受ける経験を積む。子どもが自分の力では考えたり確認したりできないところを、人にたすけてもらう

サポートを得るスキルに

トレーニング中のやりとりを通じて、どの部分を、どのように人に頼めば、生活が安定するかがわかってくる。スキルとして身につく

援助の受け方を理解できる

　トレーニングをしても、スキルがなかなか身につかないことがあります。たとえばASDの子は、対人関係のスキル（六八ページ参照）がとくに苦手です。学ぶことを厳選しても、苦労します。

　そういうときには、親やまわりの人がサポートを増やし、本人に過度の努力を求めないようにします。本人には、自分ひとりで解決しようとせず、まわりの人を頼ることも、教えていきます。

　そういったサポートのやりとりが、トレーニングにもうひとつの効果をうみます。子どもが人を頼り、サポートを得るスキルが身についていくのです。

サポーターが増えていく

最初は主に親子のやりとりが中心ですが、子どもはやがて、親にたすけを求めるのと同じように、他の人にもサポートを頼めるようになっていきます。ただし、サポーターとなる人たちに、親から相談や情報提供をすることも必要です。

地域の理解者

友達や学校の先生、近所の人など、地域に理解者が増えていく。親や専門家から、発達障害のことを説明してもらうとよい

支援の専門家

医療機関や支援機関に通っている場合には、そこにいる専門家も、サポーターとなってくれる。悩みを定期的に相談したりできる

親

トレーニング中も、日々の生活のなかでも、子どもにとって最大の理解者となる。まずは親とのやりとりを深めたい

ライフスキル・サポーターが少しずつ増えていく

専門家はどこにいるのか

子どもの支援者

主治医のいる医療機関が中心。その他に、在学中の学校や教育支援センターなど教育機関も相談しやすい。保健所や保健センター、子ども支援センター、児童相談所も利用できる。発達障害のことは発達障害者支援センターが専門だが、対応は地域によって異なる

大人の支援者

主治医のいる医療機関が中心。発達障害者支援センターは子どもだけでなく、大人にも対応している。仕事に関わることは障害者職業センターや障害者就業・生活支援センターなど、就労支援機関が頼りになる

サポートの効果

苦手なことから手を引けるようになる

適度に頼れるようになる

　トレーニングの際に子どもを手伝いすぎると、自分の力でがんばらない子になると思うかもしれません。しかし、その心配は不要です。子ども本人も親も、適度に頼り、頼られる関係をつくっていけます。

雑談が苦手なら、無理におしゃべりをしないで立ち去る。連絡事項があっても、あとで親友に聞けばよい

自分と他の子の違いを知る

日々の生活とトレーニングを通じて、子どもが自分と他の子の違いを理解する。発達障害の特性を自覚する

無理せず人を頼れるように

トレーニングをしても難しいことには、親のサポートを得るようになっていく。サポートを得ながら、自分でとりくむ姿勢ができていく

できることは自分でするように

トレーニングの効果が出やすいことには積極的に、意欲的にとりくむようになる

なんでも頼らせるわけではない

　サポートをするといっても、子どもをなんでも手伝うという意味ではない。方法や環境の見直しに手を貸し、その子が自分でとりくみやすい状況を整えていく。本人の自主性を損なうことにはならない。

失敗が減って安心する

無理をしなくなれば、失敗したり挫折したりする経験も減ります。子どもはなにごとにも安心してとりくめるようになっていきます。

失敗することが減る

手を引くスキル、人を頼るスキルが身につけば、無駄な失敗は減る。子どもが自身の成長を実感しやすくなる

気持ちが安定する

努力が結果にむすびつくようになり、子どもの気持ちに安心感や意欲、向上心がわきあがってくる。精神的に安定する

苦手なことよりも、得意なことに意識が向くようになる。「得意の料理で家族の役に立ちたい」などと、意欲的に暮らせるように

スキルをそろえることは重要ではない

本書では一〇項目のライフスキルをとりあげていますが、そのすべてがそろっていなくても、生活していくことはできます。

たとえば対人関係のスキルが多少足りなくて、人にものごとを相談するのが苦手でも、その他のスキルが身についていれば、それなりに暮らしていけるでしょう。

ある種のわりきりも必要になる

生活を整えていくためには、まず子ども本人と親が、他の子との違いをしっかりと認識することが大切です。そして、その点をわりきって、難しいことは人にたすけてもらうというふうに、意識を変えることも必要になるでしょう。

サポートを得ることは、そのような、ある種のわりきった考えをもつきっかけにもなります。

COLUMN

トレーニングはキャリア教育になるか

学校でのキャリア教育

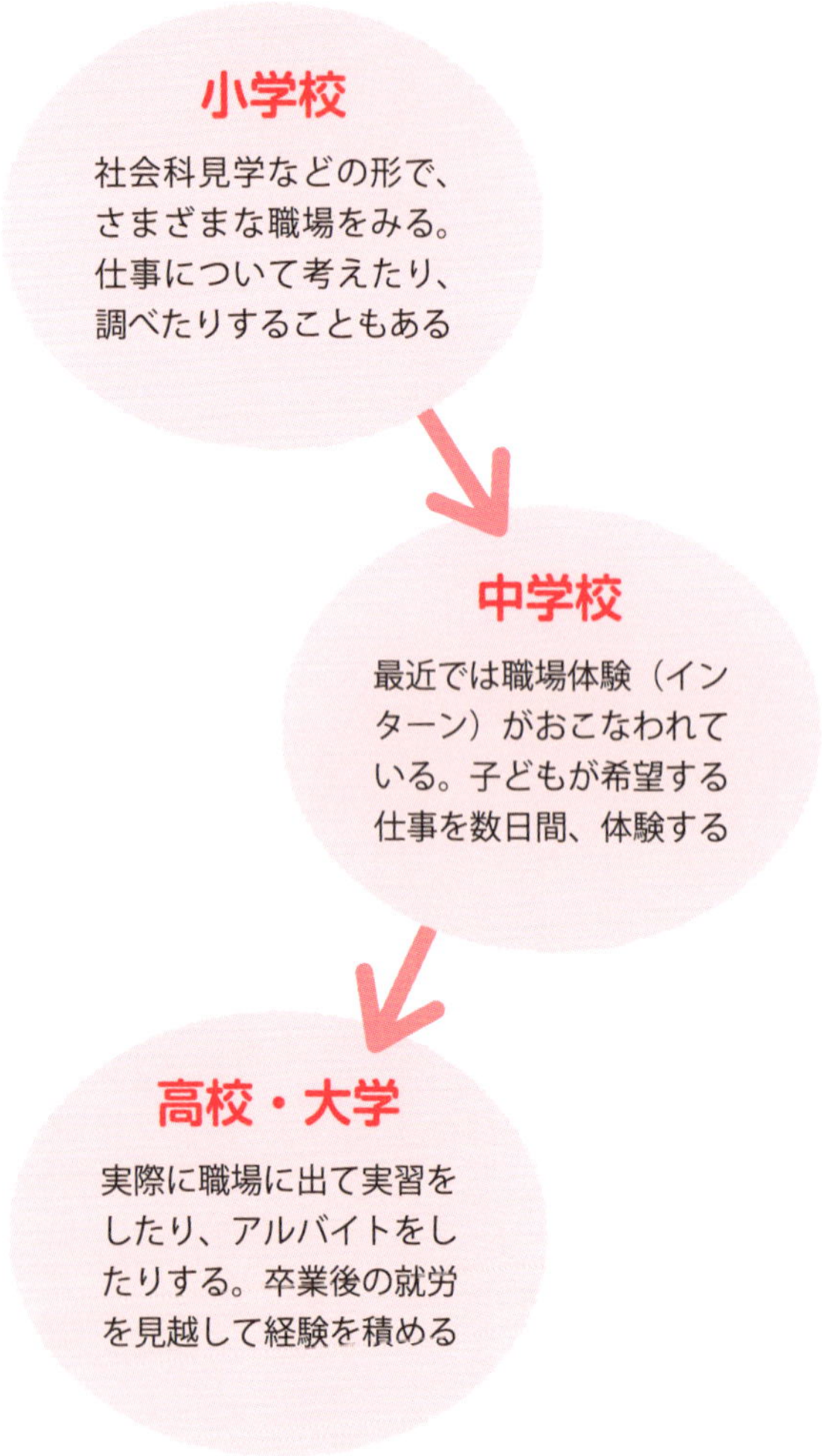
小学校
社会科見学などの形で、さまざまな職場をみる。仕事について考えたり、調べたりすることもある
中学校
最近では職場体験（インターン）がおこなわれている。子どもが希望する仕事を数日間、体験する
高校・大学
実際に職場に出て実習をしたり、アルバイトをしたりする。卒業後の就労を見越して経験を積める

学校教育にはない教育になり得る

最近では小学校や中学校などの授業の一環で、職場を見学したり、体験したりする機会があります。キャリア教育は、以前よりも充実しているといえるでしょう。

ただし発達障害の子の場合、通常の見学や体験、実習だけでは、自分に合った仕事を選ぶことはできないかもしれません。

ライフスキル・トレーニングにとりくみ、自己理解を深めることが有効です。トレーニングでは、子どもが自分の特徴を把握しながら、進路選択のスキルを身につけていくことができます。

その経験が、学校でのキャリア教育と相互に作用し、子どもの将来への見通しを整えることのたすけになります。

■ 監修者プロフィール

梅永雄二（うめなが・ゆうじ）

1955年、福岡県生まれ。早稲田大学教育・総合科学学術院教授。教育学博士。臨床心理士。慶應義塾大学文学部社会・心理・教育学科卒業。筑波大学、障害者職業総合センター、ノースカロライナ大学医学部TEACCH部留学、明星大学、宇都宮大学などをへて現職。専門は発達障害の成人の就労支援。近年は発達障害のキャリア教育の専門家として、高校や大学、企業、自治体、省庁などに招かれ、たびたび講演・研修をおこなっている。主な書籍に『大人のアスペルガー症候群』（監修、講談社）、『青年期自閉症へのサポート』（編著、岩崎学術出版社）などがある。

● 編集協力
オフィス２０１（石川智）

● カバーデザイン
谷口博俊
［next door design］

● 本文デザイン
南雲デザイン

● 本文イラスト
梶原香央里

健康ライブラリー

15歳《さい》までに始《はじ》めたい！
発達障害《はつたつしょうがい》の子《こ》の
ライフスキル・トレーニング

2015年９月24日　第１刷発行
2025年４月４日　第13刷発行

監修　梅永雄二（うめなが・ゆうじ）

発行者　篠木和久

発行所　株式会社 講談社
東京都文京区音羽２丁目-12-21
郵便番号　112-8001
電話番号　編集　03-5395-3560
販売　03-5395-5817
業務　03-5395-3615

印刷所　TOPPANクロレ株式会社

製本所　株式会社若林製本工場

N.D.C.378　98p　21cm

ISBN978-4-06-259698-5

KODANSHA

■ 参考資料

梅永雄二著
『大人のアスペルガーがわかる
他人の気持ちを想像できない人たち』
（朝日新聞出版）

梅永雄二編著
『自立をかなえる！〈特別支援教育〉
ライフスキルトレーニング実践ブック』
（明治図書出版）

梅永雄二著
『自立をかなえる！〈特別支援教育〉
ライフスキルトレーニングスタートブック』
（明治図書出版）

小貫悟＋東京YMCA ASCAクラス著
『LD・ADHD・高機能自閉症へのライフスキルトレーニング』
（日本文化科学社）

講談社　健康ライブラリー　スペシャル

発達障害がよくわかる本

信州大学医学部子どものこころの発達医学教室教授
本田秀夫　監修

発達障害の定義や理解・対応のポイント、相談の仕方、家庭と学校でできることを、基礎から解説。

ISBN978-4-06-512941-8

ADHDの子の育て方のコツがわかる本

本田秀夫、日戸由刈　監修

子どもの本来の積極性や明るいキャラクターをのびのびと育てるコツは「こまかいことを気にしない」こと！

ISBN978-4-06-259862-0

発達障害の子の立ち直り力「レジリエンス」を育てる本

藤野博、日戸由刈　監修

失敗に傷つき落ちこんでしまう子どもたち。自尊心を高めるだけではうまくいかない。これからの療育に不可欠なレジリエンスの育て方。

ISBN978-4-06-259694-7

発達障害の子の健康管理サポートブック

早稲田大学教育・総合科学学術院教授
梅永雄二　監修

体のケアや食習慣、性の問題などライフスキルの基礎を身につけ、すこやかに暮らしていくためのガイドブック。

ISBN978-4-06-259860-6

講談社　健康ライブラリー　イラスト版

自閉症スペクトラムがよくわかる本

信州大学医学部子どものこころの発達医学教室教授
本田秀夫　監修

原因・特徴から受診の仕方、育児のコツまで、基礎知識と対応法が手にとるようにわかる！

ISBN978-4-06-259793-7

支援・指導のむずかしい子を支える魔法の言葉

特別支援教育ネット代表
小栗正幸　監修

話が通じない、聞く耳をもたない子の心に響く対話術。暴言・暴力、いじめ、不登校……困った場面も乗り切れる！

ISBN978-4-06-259819-4

登校しぶり・不登校の子に親ができること

中学校教諭・特別支援教育士・上級教育カウンセラー
下島かほる　監修

「休みたい」が増え始めた。いつになったら学校へ？不登校の始まりから再登校までの対応策を徹底解説！

ISBN978-4-06-517116-5

子どものトラウマがよくわかる本

こころとからだ・光の花クリニック院長
白川美也子　監修

虐待、性被害、いじめ……過酷な体験が心に傷を残す。子どものトラウマの特徴から支援法まで徹底解説！

ISBN978-4-06-520432-0